Infanci@s y Adolescenci@s

Infanci@s y Adolescenci@s

Nuevos devenires de la clínica

Sonia Almada
Coordinadora

Coordinadora: Sonia Almada
Diseño Interior: Sandra Ruiz
Diseño de tapa: Griselda Tignino
Corrección ortográfica y gramatical: Johanna Hryniewiecki

El cuidado de la presente edición estuvo a cargo de
Sandra Ruiz y *Jorge Sarmiento*

Obispo Trejo 1404. 2 "B". Bº Nueva Córdoba. (5000) Córdoba
Te: 54-351-3650681 - Email: universitaslibros@yahoo.com.ar

© 2020. Jorge Sarmiento Editor.

ÍNDICE

PRÓLOGO

Un Modo de Hacer Clínica

Fundé ArAlma[1] Centro Asistencial de Salud Mental en el año 2001. Desde los comienzos de mi carrera y en el mismo recorrido de la clínica, Postgrados y Doctorado en Psicología, me acompaña la misma pasión: Aliviar el sufrimiento Humano, potenciando y descubriendo herramientas de bienestar para cada paciente y por estas mismas causas me he reunido con mis colaboradores, a quienes agradezco la participación y el entusiasmo, por este libro o mejor dicho por esta causa: Los chicos.

Este libro está basado en "hechos clínicos" y muy lejos de tener aspiraciones teóricas, trataremos de transferir las herramientas clínicas creadas y utilizadas por nuestro equipo a lo largo de estos años.

Quizá fortuitamente o por estilo de carácter, no soy una terapeuta dedicada a la rigurosa tarea de teorizar, no soy una teórica de la psicología, soy una terapeuta que pone en acción ideas. Ideas que van convirtiéndose en herramientas para sanar y apaciguar el dolor humano. Desde el año 1992 ejerzo esta apasionante profesión dedicando todo mi esfuerzo no sólo en sanar lo herido y derrumbado, sino en prevenir futuras patologías. Y en este difícil y mara-

---

1. ArAlma: Ara, Templo en griego. Sintetiza el espíritu que junto con mis colaboradores, construimos día a día nuestro Centro: Templo Del Alma.

villoso recorrido me fui encontrando con profesionales con inquietudes similares, que son los que hoy les hablan en este libro.

Infanci@s y Adolescenci@s, nuevos devenires clínicos; son una forma de mirar y mirarnos en la clínica junto con nuestros pacientes. Un mirar profundo y responsable con relación a la recuperación y prevención en la clínica infanto-juvenil.

Sabemos que la mayor parte de las patologías de orden psicológico son creadas por el ambiente de crianza de todo ser humano.

En los últimos tiempos hemos visto modificarse los patrones de conducta y con ello advinieron las nuevas patologías. Los nuevos modelos de crianza han afianzado patologías y dificultades ya conocidas pero también han creado nuevas formas de padecer humano.

Infanci@s y Adolescenci@s es un intento de acercarnos a los viejos modelos con nuevas miradas y a los nuevos modelos con los ojos plenos.

Y nos hemos preguntado y sabemos que se preguntan que hacer con:

- La adolescente que se corta las piernas y los brazos en su acto de automutilación, tapando sus dolorosas heridas con sweters y pantalones largos para esconderse de la mirada de todos, para no ser tildada como "la loca", añadiéndose a su padecimiento la censura social.

- Con la vomitadora, que después de cada cena corre al baño ante la mirada furtiva y enigmática de parientes y amigos.

- Con la de los ayunos, que tapa los espejos de la casa por piedad hacia sí misma.

- Con el niño de 2 años que se golpea la cabeza, cada vez que le dicen NO, hasta desmayarse.

- Con él que No Aprende, y soporta las reprimendas de padres y maestros como si fuera un vago.

- Con el encoprético, que se le exige que retenga y no puede, como tampoco puede ir de campamento o a casa de amigos por vergüenza.

- Con la niña/o abusada/o, que se autorreprocha el placer prohibido que le genera el adulto pedófilo o abusador y se va encerrando mas en sí misma/o porque cree que es culpable.

- Con el niño golpeado, que se convierte en el chico más dulce y obediente de la escuela, a pesar de la furia que ataca en él, el asma o el eccema.

- Con él que se autoencierra, porque no encuentra ni sentido ni valor para andar por la vida y lo nombran débil.

- Con el agorafóbico, que no puede salir a la calle sin compañía y pierde uno de sus máximos bienes: la libertad, convirtiéndose en "el enfermo".

¿Qué hacer con todos estos niños, púberes, adolescentes y sus padres con emergencias y urgencias de vida?

En estas páginas, recorremos las posibilidades de respuestas, aquí encontrarán nuestra esencia, la del grupo, la de cada autor de este libro, donde aquello que se rcúne es la búsqueda incesante de aliviar el padecer de nuestros pacientes y formar terapeutas com prometidos con la misma causa.

Sonia Almada
Directora
www.aralma.com.ar

La Clínica I

Apuntes de *Sonia Almada*

-1-

Terapeutas y Padres Frente A La Clínica Con Niños[1]

Me propongo, ubicar la cuestión del trabajo con los padres en la clínica con niños y en el mismo movimiento rever nuestra posición como terapeutas.

Desde mi punto de vista, la postura actual de quienes nos demandan, se parece un poco a la consulta a un cirujano. Sabemos que al cirujano se le solicita que extirpe quirúrgicamente lo que trae problemas, que no gusta y que molesta.

Nos encontramos entonces, frente a una postura en la cual, los papás que consultan vienen de forma pasiva a que uno activamente interceda para "extirpar" aquello que está molestando. Obviamente, esta postura es opuesta a lo que nos planteamos nosotros: hacer un trabajo conjunto con el paciente, donde el paciente pueda y deba estar tan activo como nosotros.

La otra cuestión. Es la prisa. Se demanda rapidez y eficacia. La cuestión es cómo responder a esto y cómo contestar a esta necesidad de hacer un trabajo analítico que implica desalojar a esta

---

1. Extracto Conferencia: Presentación Manual para Terapeutas Proactivos.

particular posición subjetiva con la que llegan los pacientes a nuestra consulta.

Primero nos encontraremos con los padres, que son quienes traen a los chicos, pero tanto los chicos como los grandes están con esta postura de apuntar a lo eficaz, a lo inmediato y a que todo se resuelva con prisa. Por ello creo que hay que repensar la manera de realizar nuestra práctica, y ver de que modo podemos responder con eficacia. Mantenernos en una postura ortodoxa no nos servirá. Para ello es fundamental pensar en nuevos recursos.

Entonces, la cuestión es como poder embarcarnos en una tarea que sea efectiva, pero al mismo tiempo fiel a una concepción de trabajo con un fundamento que, desde nosotros, está apoyado en el psicoanálisis, tanto en lo que inició Freud, como también en los aportes de otros autores. Que conlleve un fundamento y una racionalidad en sus intervenciones.

Un ejemplo clínico, que siempre tengo a mano para dar cause y que siempre les recuerdo a mis estudiantes nos vendrá en auxilio ahora. Este relato me lo presentó uno de mis primeros profesores en la clínica con niños, es un caso conmovedor que cuenta Francoise Dolto, en *La imagen inconsciente del cuerpo*: "Agnes, una niña de cinco días que había sido alimentada por la madre con el pecho, en la casa había solamente una tía y el padre, y esta niña de golpe se queda sin la madre porque tiene que ser hospitalizada por un cuadro febril, originado en una infección, una situación pos - parto que a veces se presenta, y esta criatura, cuando llega el quinto día y se encuentra sin la madre, no hay manera de alimentarla. Biberón, cuchara, cualquier recurso para que ella asimile algún alimento es inútil y así empiezan a pasar uno, dos... ¡5 días! Los médicos desesperados por la situación de la madre, el padre y la tía porque no sabían cómo alimentar a la pequeña, dado que estaba como paralizada sin poder ingerir bocado. Consultan al pediatra, este pediatra conocía a Francoise Dolto por el trabajo conjunto en un hospital, y ella lo que da como indicación telefónica al padre que la llama es decirle: *Vaya al lugar donde está internada su mujer, traiga un camisón de ella, no lo lave, tráigalo tal cual está, y envuelva, arrope a su criatura con esto.* Bueno, esto hace el padre, y la criatura cuando se le presenta el biberón nuevamente, inmediatamente lo toma y se vuelve a alimentar."

A este tipo de intervenciones que parecen mágicas, Dolto les da un fundamento basado en cómo ella piensa la construcción del cuerpo, como cuerpo erógeno, donde se le suma a lo que es corporal, lo epitelial, lo olfativo.

Otra cuestión que quiero marcar con respecto a la consulta con los padres, es de no quedarse en una posición rígida respecto a lo que hay o lo que no hay que hacer.

Este tipo de posiciones sólo nos pueden dejar enmarcados y no nos permiten responder a lo que los pacientes necesitan y trabajar el cambio de posición.

Recuerden, que Lacan plantea en un momento, que no existe el psicoanalista en el sentido del modelo de lo que es ser psicoanalista y hacer clínica psicoanalítica, sino que para cada paciente y para cada pareja de padres o para cada grupo familiar que se presenta, uno tiene que inventar la manera de relacionarse con ellos, y encontrar el recurso, la metodología, la periodicidad de los encuentros, la forma de encontrarse con ellos como para que el dispositivo funcione.

En esto consiste el psicoanálisis: pensar caso por caso.

En este sentido también es importante ubicar el concepto de la transferencia. La mayoría de las veces los chicos vienen derivados por un especialista de la medicina, o por la escuela, o porque los padres sienten que no saben que hacer. Entonces hay que tomarse el tiempo necesario para explicar muchas cosas, favorecerlas, crear lo que llamaban los ingleses, el *setting*. El campo de trabajo no se da de antemano, ni se da pre-armado, todo ya listo para usar, sino que hay que armarlo, y más en ésta época, en la que existe una actitud previa de esperar que los otros resuelvan las cosas desde afuera.

Entonces, una de las tareas fundamentales es trabajar con los padres del niño que es traído a la consulta. Por un lado es explicar una actividad que en general no se comenta que se hace, porque además aquí ya estamos ante la dimensión ética: tanto el niño como los padres deben saber como trabajamos.

Aquí la transferencia se da a medida de cada grupo familiar y a medida de cada niño. Sería una arrogancia pretender que ellos se adapten a nosotros, los terapeutas debemos ingeniarnos para que el tratamiento pueda instalarse.

Eric Porge en un trabajo que se llama: "Transferencia a la *cantonade*", utiliza este término francés que viene del teatro italiano, que se refiere al momento en el cual el actor habla a alguien fuera de escena, a alguien que no ve, pero el actor está hablando con alguien, alguien que se está suponiendo que está detrás del escenario o a un costado. E. Porge por un lado comenta ésta cuestión de a la *cantonade*, partiendo de una observación que hace Lacan, donde discute con Piaget la cuestión de cómo supone Piaget que el niño tiene un lenguaje egocéntrico, que habla para sí mismo, que habla por hablar y que habla sólo. Piaget lo llama a esto *lenguaje egocéntrico*. Entonces, cuando Lacan discute con Piaget dice: "para mí el lenguaje de este niño en ese momento no es egocéntrico", cuando empieza a balbucear, con las primeras palabras, o a inventar palabras, y que hace acciones y habla y está dibujando, o está caminando y está pateando una pelota y va hablando, y no habla con nadie que uno vea, lo que para Piaget es lenguaje egocéntrico, que habla para sí mismo, para Lacan, en cambio, es un lenguaje a la *cantonade*, que está suponiendo un interlocutor, que no siempre llegamos a saber quien es, pero que está presente, el chico no habla solo, no es un loquito suelto que habla solo, sino que está hablando con alguien con el cual está jugando, con ese habla que está armando, que está empezando a trabajar con un recurso nuevo.

Lo que plantea Eric Porge es algo semejante a ese lenguaje, pero respecto a la transferencia. Es muy interesante la observación que él hace respecto del caso Juanito, y que me parece que es muy útil para pensar la transferencia en general, con los cuidados que hay que tener con las cosas generales, como decía antes, pero me parece que es algo que permite pensar qué es lo que hace, que los padres en determinado momento, consulten por un hijo. Él dice, respecto a lo que pasa en la familia de Juanito: "La neurosis de transferencia estalla frente a quien no sostiene más la transferencia del niño". Esto es, esta madre, seguramente ante el nacimiento de su segunda hija, de la hermanita de Juanito, no está en las mismas condiciones que antes, para sostener la crianza de este niño, que se venía criando solo.

Y esto pasa muchas veces con los niños, que por determinada situación, no hay como sostener esta transferencia, este contener al sujeto en su crecimiento; llega un momento en que los padres se enloquecen, y no saben que hacer con esta criatura. Por otra parte, el chico a su vez, no sabe como sostener su crecimiento, porque le falta el apoyo que tenía hasta ese momento. Entonces, hace lío, pueden aparecer afecciones psicosomáticas, problemas de conducta en la escuela, problemas de aprendizaje. Digamos que la estructura que venía armándose más o menos bien, hasta cierto momento deja de ser apropiada y entonces hay que hacer algo para que alguien vuelva a contener la situación y poner la cosa en un orden que permita continuar su camino de crecimiento.

Una forma es la consulta psicoanalítica, donde se pasaría a armar una transferencia a la *cantonade* con otro, que sería el analista, y que permitiría reubicar las cosas en un carril como para que continúe el crecimiento del niño, y que a la vez los integrantes de esa familia puedan seguir sosteniendo esa crianza, sin volverse locos. Me parece muy interesante esta observación que hace él, donde además, habla también de los cambios de lugares en la familia que a veces se pueden producir, porque cambia la situación de una pareja parental. Puede ser por una separación, una mudanza, o sea, una serie de hechos que hacen que lo que hasta ese momento el chico transfería en sus padres o en quienes lo cuidaban, se descoloca, y, al cambiar el lugar del niño y el de su entorno, a veces el pequeño se las ingenia para crecer igual, logra adaptarse a eso, resolverlo, pero no siempre.

A veces estas dificultades se resuelven por sí mismas, porque los padres pueden, porque el chico tiene recursos naturales. Por otra parte, la edad del niño es de gran influencia.

Es importante, en este sentido, una observación que plantea Winnicott, la de tener en cuenta la existencia de recursos naturales en los niños, no pensar que no pueden hacer cosas cuando hay dificultades, sino que en principio, tanto niño como padres tienen recursos naturales, que a veces, no siempre, los pueden usar, y se las arreglan para salir adelante. Sino, piensen en la totalidad de la población, cuanta gente se las arregla mal o bien sin psicoanálisis, sin ningún recurso terapéutico. Por eso también es importante, a mi criterio, no excedernos en lo que damos, en lo que ofrecemos y en lo que intervenimos, o sea, también hay que saber medir cuando intervenir y cuanto hacer para que el sujeto intervenga por sí mismo, aprovechando los recursos naturales que tiene disponible para poder movilizarse y responder a lo que le es dificultoso. Porque sino, estaríamos forzando una dependencia, que creo que se encuentra arraigada muy fuertemente en el imaginario colectivo de la población argentina.

El obstáculo de los dos lados

Sería irreverente no ubicar que el obstáculo podría estar también del lado del terapeuta. Así como antes hablaba de la prisa con la que llegan los pacientes, en el sentido de la búsqueda de una solución inmediata, rápida y fácil; también nosotros estamos influenciados por esta cultura. Creo que los más jóvenes, que fueron criados en la era de la imagen, en la que la televisión y los videos clips tomaron un rol importante, también tienen un acostumbramiento mental a un pensamiento con imágenes, que es mucho más rápido, de lo que es el pensamiento reflexivo con las palabras. Y conviene estar atentos a eso también, a no engancharse en la prisa de los pacientes y saber ubicar la necesidad de un tiempo de reflexión, a lo que ya planteaba Lacan, sobre los tres tiempos lógicos: ver, comprender, concluir.

Podemos afirmar que los pacientes vienen actualmente esperando una conclusión, o a lo sumo a ver y a recibir al instante una respuesta; pero el tiempo de comprender, de trabajar, de reflexionar para ver que está pasando, se ignora, es como si saltearan los pasos que planteaba Lacan.

Entonces, en la transferencia está la cuestión del obstáculo, a veces desde los pacientes, pero también desde nosotros en cuanto a esta cuestión del apuro por responder, y ni hablemos del apuro por comprender o creer que se comprende.

Por esta razón es fundamental escuchar el discurso del paciente, poner atención de atenerse a la letra de los pacientes y a la letra de los padres, poder escuchar lo que dicen los padres o lo que dicen los niños como si estuviéramos leyendo un texto y ceñirnos entonces a él como ante un escrito, o sea, a lo que dijo, palabra por palabra, no a lo que uno creyó entender. Muchas veces, creyendo comprender, uno mezcla su propio imaginario y comprende cualquier cosa que nada tiene que ver con lo que es la problemática que trae el paciente y su familia.

En este sentido, yo recuerdo una advertencia que es fundamental desde Freud: la necesidad del propio análisis para poder dedicarse a hacer psicoanálisis. Con relación al trabajo con los padres de los niños es muy importante que uno le haya dedicado el mayor tiempo posible para analizar el propio lugar de cada uno con respecto a sus propios padres y a su propia historia familiar. Porque atender niños es remover inevitablemente la propia infancia, y encontrarse con los padres del niño es reencontrarse con los propios padres. Uno se puede disociar instrumentalmente, puede ponerse el uniforme de analista, creérsela y decir que va a atender a los padres y que va a atender a un niño, pero inevitablemente el inconsciente funciona y lo que no está resuelto, lo que está sonando todavía como zonas de conflicto parental, van a hacer ruido y van a funcionar como escotoma, o sea, como elemento que no permite ver o no oír lo que puede estar a la vista, porque se nos cruzan nuestros propios padres, nuestra propia infancia. En muchos casos puede ser muy enriquecedor en tanto uno esté en análisis y supervise el material. Muchas veces, la supervisión se mezcla, se superpone con una labor analítica que sería lo bueno en el mejor de los casos, y esto le permita a uno poder ver lo que no está viendo, aunque pueda estar a la vista.

Lo relatado por el niño o por los padres resuena siempre en la propia historia, en la propia infancia, en ciertas zonas particulares de aquellos años y si falta el análisis sobre lo propio, es difícil discriminar si esa resonancia nos hace escuchar mejor o si directamente obtura la escucha o produce efectos negativos para nuestro trabajo como analistas: por ejemplo, uno puede funcionar contrafóbicamente o moviéndose vía un *acting* que seguramente no va a ser lo mejor. Entonces yo quiero dejar bien marcada esta advertencia porque pocas veces se habla de esto, de lo que implica atender a un niño y a los padres de los niños. El compromiso que implica para uno y el poder advertir en que brete se mete uno a veces cuando observa y escucha, mezclado con los propios problemas no resueltos.

La sabia indicación freudiana de poner el propio análisis como paso previo al análisis de los pacientes es hoy una obviedad que conviene igual recordar.

Otra cuestión que me parece importante marcar, está en línea de lo que señalaba Lacan con respecto a la inversión dialéctica que hace Freud en el caso Dora. Como él trata de hacer responsable a la joven de lo que ella provoca en los otros. Entonces es importante también hacer el trabajo de ver como modificar el discurso de los padres que vienen diciendo "este chico me vuelve loco, ya no sé más que hacer con él, constantemente está corriendo, saltando, está inmanejable, enloquece a todo el mundo, también en la escuela". Cuando los padres traen un paquete y dicen: "hagan ustedes lo que puedan", o "me dijeron en la escuela que este chico está inaguantable", o "este chico no aprende", o "este chico pega", o "este chico roba"; o sea que lo traen como un paquete para que uno haga lo que pueda con él.

Considero que también en la clínica con niños y en el trabajo con los padres, hay que intervenir, y así lo planteaba Lacan, respecto a lo que decía Freud con relación a Dora, realizando una inversión dialéctica. Esto es, poder poner a los padres en cuestión, llegando a interrogarlos con la astucia, con la muñeca del oficio, como para que esto pueda ser escuchado, pueda ser tomado en cuenta y, obviamente no se fuguen de la consulta porque se sintieron acusados y culpabilizados.

Hacer una inversión dialéctica es invertir los términos en lo que están planteando los padres cuando expresan, "este chico me vuelve loco". El objetivo es que los padres puedan ver que es lo que hacen ellos para que el niño responda con hechos que se les vuelven en contra y que realmente los enloquecen.

Un ejemplo concreto y que tiene que ver con lo que los ingleses llamaban "el cadáver en el armario": la existencia de secretos familiares, puede suceder con una enfermedad, una adopción, una separación, un abuso, un asesinato, una situación pesada en la familia que se convierte en un hecho omitido pero que inevitablemente retorna produciendo efectos sintomáticos.

Entonces, el síntoma sería: "el chico no aprende en la escuela, no me aprende, o no quiere saber de los conocimientos que le aporta la escuela". Esto hay que trabajarlo implicando a los padres, a su historia familiar, indagando en lo dicho, lo ocultado, los secretos y mentiras que pueden regir esa historia que inevitablemente, captura al niño por medio de ese entramado.

O sea que se trata de poner en cuestión, de averiguar qué peso tiene éste "no debes saber", el "no tener que saber de esto", y "de esto no se habla", "esto no se menciona", "esto se oculta" y entonces intervenir pensando en qué efectos tienen estas prohibiciones, por ejemplo, en el aprendizaje, y que estructuran al niño en la posición de "no quiero saber".

Además, y es lo que me parece importante discriminar, que no se trata de dar vuelta esta situación, hacer una inversión dialéctica en el sentido que va a dar vuelta la cosa como quien va a dar vuelta una tortilla y punto. Porque sino nos pasaríamos a la cosa banalizada que pasa hoy día en estos *talk shows*, donde la gente revela un montón de intimidades de la manera más estúpida, de la manera más incoherente, en el sentido en que todo se muestra como si fuera cualquier cosa y así toda la gente comenta cosas íntimas, sin discriminar lo público de lo privado.

A veces, también hay que tener cuidado con esto porque está apareciendo en la consulta, me ha pasado a mí, de padres que arrojan la información repentinamente porque ven como hay que decir las cosas, porque escucharon a una psicóloga por televisión, porque vieron los talk shows, *porque ahora se estila.*

Quiero destacar, que hay que tener cuidado además con la manera en que se va procesando este cambio de situación en la familia.

Se trata entonces de ubicar la manera adecuada también de acompañar al niño y a su familia para que se cambie la posición en que se encuentran, evaluando el momento y la forma en que se debe procesar ese cambio.

En este sentido, tenemos que estar en alerta en relación a lo que está pasando socialmente, a esta cosa disruptiva, este estilo donde todo se comunica rápido, y cualquiera maneja cualquier situación en la televisión. O sea una violación de lo íntimo, de lo que es importante en la historia de uno. En este sentido me parece muy importante la observación de Lacan cuando dice que toda operación deja resto y dependerá de como sea hecha la operación, el resto que quedará. O sea, que no es cuestión de moverse así porque sí, sin atender a la necesidad de un rigor conceptual con relación al fundamento de nuestras intervenciones, hecho que muchas veces se produce *apres-coup*.

Los exhorto, como terapeutas de niños, a repensar la clínica infanto-juvenil en estos tiempos de premura donde debemos pensar, refundar y discutir aquello que la actualidad clínica nos presenta diariamente.

-2-

CUANDO NADIE ME VE.
ABUSO SEXUAL INFANTIL

Jauría de chacales acecha a nuestros Ángeles para que caigan del cielo y devorar su inocencia. No son fieras comunes, tienen aspecto afable, gentil, hasta cortés.

Andan buscando Ángeles desprevenidos, confiados, inocentes, tal vez los mejores que ya jamás podrán volver a volar porque estos perversos destrozaron sus sueños (sus alas) y embarraron sus vestimentas.

Ya no serán los mismos, no dormirán igual, ni se reconocerán frente al espejo. Pero lo peor es esperar el nuevo día donde habrá otro abuso, el mismo dolor, los olores ajenos que invaden, los ruidos, la respiración de la fiera que se acerca, se aproxima se abalanza.

Para volver a sufrir, a esperar mañana que se repita.

El ángel se pregunta ¿quién vela por mí?

Y no tiene respuesta… entonces es cuando calla, se anestesia, violaron su cuerpo y su alma"[1]

La mayoría de los niños y niñas que están siendo o han sido víctimas de **abuso sexual** silencian sus palabras porque saben que sus guardianes no les creerían. Ellos han tratado de contarlo una y mil veces a través de su cuerpo, a través de su conducta y algunas veces con palabras que denuncian viscosamente la aberrante situación padecida.

Estos Ángeles se avergüenzan, culpabilizándose de esta situación. "No se lo cuentes a nadie, es nuestro secreto" es la frase más frecuente de los abusadores para lograr la complicidad con la víctima, frase que se condensa con las amenazantes "si se lo contás a tu mamá…"

El ángel cae preso, se queda sin alas, tiene un pacto obligado, si no lo cumple alguien o el mismo sufrirá las consecuencias. Para que esto ocurra sus cuidadores no escucharon, no miraron los signos y señales. ¿Dónde estabas mamá? Se los escucha decir en el consultorio de mil y una maneras. ¿Cómo nadie se dio cuenta?

Hace muchos años atendí a una nena de 1 y 1/2 año. Moira recién comenzaba a usar las palabras. Sus papás consultaron porque la nena estaba muy agresiva, mordía y pegaba a sus hermanos. Presentaba un claro opocisionismo a las reglas tanto en la casa como en la guardería. Padecía terrores nocturnos que sólo se calmaban cuando pasaba a la cama de sus papás. No quería comer o comía solo algunos alimentos, se la pasaba lloriqueando.

Moira pudo contarme con juegos y señalándome su propio cuerpo y el de una muñeca bebé, la cruda y temible realidad de haber sido abusada.

Recuerdo que luego de varios encuentros con ella fui hasta su casa, en la provincia de Buenos Aires y me llevó al cuartito de herramientas de su abuelo "tata" para ella. Allí se despojó cruda y violentamente de su pañal y frotando sus partes más íntimas dijo determinante —tata, tata, tata, ashí-.

En general cuando llega un niño a la consulta por sospecha de ser abusado, lo primero que uno desea es que esta sospecha no se confirme. La mayoría de las veces debemos confirmarla.

Abordar esta problemática genera angustia, no solo en la víctima sino en su entorno familiar. Los padres se sienten responsables de no haberse dado cuenta a tiempo y se culpabilizan unos a otros. En niños mayores en general, la culpa recae sobre ellos.

Cuando me refiero al abuso sexual infantil estoy haciendo referencia a un abuso intrafamiliar. El chico lo está padeciendo por dentro de su ámbito familiar: familia nuclear, familia externa o amigos, conocidos o vecinos en quienes los padres o cuidadores depositan la confianza. El niño confía en estas personas con acceso y vínculo hacia ellos y es libre de proyectar en estas relaciones los vínculos y fantasías incestuosas aunque no exista una relación de consanguinidad.

Una de las variables más traumáticas del abuso sexual, es que para el niño, estas relaciones son de orden incestuoso.

El abuso sexual se define como el sometimiento de un niño a través de un acto de coacción explícita o implícita, en experiencias sexuales reiteradas que responden a la búsqueda de satisfacción del adulto, no apropiadas para el desarrollo psicofísico del niño en tanto sus necesidades y capacidades evolutivas.

Muchas veces los que cuentan el abuso son adultos que se animan a relatarlo varios años después de haberlo padecido. El trabajo es el mismo, en ese adulto hay atrapado un niño abusado y buscará relaciones abusivas hasta no confrontarse con esa atroz realidad de su pasado que se actualiza. Para ese niño adulto, las manos de otro adulto solo pueden dañar. Es difícil que pueda confiar en otros adultos, a veces es imposible porque la situación es vivida como un total desamparo y se reedita en cada relación intersubjetiva.

29

Uno de los aspectos importantes a tener en cuenta es la cronicidad. El tiempo que el niño/a ha estado expuesto a situaciones de abuso sexual. Las imágenes que representan los relatos son siempre aberrantes, "mi hermano me sentaba sobre él y me movía, yo parecía una muñeca de trapo". Relata Sofía, de 21 años. La diferencia entre el abuso sufrido sólo una vez, con padres que vociferan, denuncian y sentencian al abusador como un criminal, tomando las medidas necesarias de protección y contención, tienen diferente pronóstico que el abuso reiterado y silenciado por el abusador, donde el niño/a se encuentra a solas, privado de su capacidad de disentir o consentir. En está situación se vive un doble desamparo, el de quedar a merced del victimario, sintiendo que su cuerpo no le pertenece, que alguien se adueña de Él para flagelarlo una y otra vez y con la presión de guardar el secreto. Frecuentemente, el acto de violencia es descalificado como tal por el victimario, que le dice al niño: "esto lo hago por tu propio bien, no te puede doler tanto, te va a gustar, vos me provocaste".

Es así que a las defensas psíquicas utilizadas por la víctima se agregan mensajes por parte del ofensor. Si la familia o cualquier otra persona, ante la cual el menor denuncia el abuso no le cree o no advierte, por otras señales, que tal abuso está sucediendo, se agrega, con su desmentida, un nuevo acto de violencia sobre su psiquismo. Para que una conducta pierda su efecto traumático debe ser calificada de tal.

En los casos en que el abuso ha sido olvidado por el niño/a, aislándose de su conciencia, se instala en el aparato psíquico con la fuerza de los que han sido reiterados, porque la víctima generalmente ha sufrido otros episodios de violencia: maltrato físico y psíquico y otras experiencias sexuales traumáticas muy comunes, sobre todo en la vida de las niñas: miradas obscenas, palabras lascivas, encuentros con exhibicionistas y *frotters*.

Freud afirmaba que un trauma es un:

"Acontecimiento de la vida del sujeto caracterizado por su intensidad, la incapacidad del sujeto de responder adecuadamente y el trastorno y los efectos patógenos duraderos que provoca en la organización psíquica" (Laplanche).

Cuando el niño/a abusado/a se hace adulto/a, con su desmentida logra convencerse, muchas veces, de que el abuso no ocurrió. Pero no debe confundirse este proceso con la represión, porque con ésta, el resultado es que un pensamiento, una imagen, un recuerdo permanece inconsciente. En la represión la lucha es contra algo que proviene de uno mismo. En la desmentida, la percepción que califica como no existente proviene de un acontecimiento de la realidad externa: algo que ocurrió, no ocurrió. Así, el propio Yo queda dañado, porque se ataca su capacidad de reconocimiento y discriminación.

Este tipo de **amnesia refractaria**, disponible para aniquilar acontecimientos traumáticos, se presenta a posteriori de un trauma psíquico y es muy común en el abuso sexual. Las personas que han estado expuestas a situaciones traumáticas pueden tener síntomas de disociación (sonambulismo, alteraciones de la memoria) y signos de estrés postraumático (imágenes retrospectivas, alteraciones del sueño, pesadillas), trastornos de ansiedad generalizada (fobias, desordenes de Pánico), depresión, anhedonia. Las personas que han sido abusadas durante su infancia no saben porque se sienten así, o "son así". Frecuentemente sus personalidades configuran **Estados de Trinchera** son personas que viven en estado de alerta, se muestran suspicaces y temerosos sobre todo de las relaciones. Los recuerdos del trauma están fragmentados en imágenes desconcertantes, olores, sonidos que los hacen dudar de su validez. La persona duda de sí misma, de lo que piensa, de aquello que recuerda y se siente mala, loca, anormal, enferma, complicada.

Beatriz, de 45 años, consulta muy angustiada por sus fracasos en las relaciones amorosas y por ello la imposibilidad de tener hijos y formar una familia.

"No sé qué me pasa, no sé que me pasó, pero siento que nunca estuve contenta, voy por la vida sin encontrarme, me parece que una vez fui otra".

"Recuerdo que cuando era chica era la nena de papá, él me sentaba en su falda y pasábamos horas así, mamá mientras cocinaba. También dormía la siesta con papá, me cuenta mi hermana, pero yo no recuerdo casi nada de mi infancia, porque cuando quiero recordar es como si algo se me atravesara en la garganta y no puedo parar de llorar y me viene el olor a papá, olor a tabaco y alcohol y me da mucho miedo". "¿Te conté que mi hermana fue abusada y nunca dijo por quien?"

Beatriz, como su hermana menor, fue abusada por su papá durante toda su infancia. La hermana se encuentra internada con un largo historial de adicciones y un diagnóstico de bipolaridad. Beatriz recordó el abuso a lo largo del tratamiento en pequeños fragmentos que fue tejiendo paso a paso.

En casos como el de Beatriz solo la posibilidad de pensar que el padre podría haberla dañado de esa manera era tan terrorífico que los escindió de su memoria, sosteniendo la imagen de un padre no abusivo y pagando ella con su imposibilidad de parejas y maternidad.

Aspectos a tener en cuenta al momento de realizar el psicodiagnóstico

El reconocimiento del abuso o la aceptación de la sospecha por parte del adulto responsable, diagnostica el grado de riesgo tanto como la convivencia con el ofensor y la capacidad de cambios en la organización familiar y el sostenimiento de los cambios.

Debemos evaluar el grado de riesgo de el/la niño/a, su estado físico, su edad. No siempre podemos entrar al proceso diagnóstico con la sospecha denunciada por un adulto, una gran mayoría de veces los niños comienzan tratamientos con ciertas sintomatologías y más tarde, en el mismo proceso, descubrimos que el/la niño/a ha sido o está siendo abusado/a.

En este momento es absolutamente necesario apartar al abusador. Mediante el trabajo con el adulto responsable consultante o a través de medios judiciales si es preciso.

La validación del proceso diagnóstico, se desarrolla en un trabajo con el niño y su familia. En ese momento, podemos solicitar una interconsulta pediátrica.

La técnica de evaluación, tanto como los materiales utilizados, se eligen en relación a la edad del niño, pudiendo ser desde muñecos, hasta material literario.

Necesitamos de la expresión gráfica y lúdica de acuerdo a las edades. Un/a niño/a abusado/a le contará al observador atento, jugando, dibujando o mirando una revista, los episodios sufridos.

Debemos tener presente en que etapa del desarrollo evolutivo se encuentra el niño/a, etapa psicosexual, fantasías propias de esa edad, temores y juegos propios de la misma.

Por ejemplo, un juego que suele aparecer en los/as niños/as abusados/as es que suelen desnudar a los muñecos y los hacen interactuar sin ropa o esgrimen relatos y juegos erotizados. Otras veces, el/la niño/a se muestra muy inhibido/a y repite su juego incansablemente. Un/a niño/a abusado/a siempre quiere contar aquello que está viviendo. La sola oportunidad de escucharlo y creerle, da la impronta para que nos muestre su padecimiento.

La evaluación del material (gráficos, juegos, verbalizaciones) está sostenida por las entrevistas con su familia. Recomiendo entrevistar a los padres juntos y de manera separada. No es lo mismo lo que una persona se anima a decir/contar a solas con un psicólogo que delante de su pareja o ex pareja según sea el caso. También se puede entrevistar a los hermanos y a cualquier persona conviviente que pueda aportar datos. Además, es conveniente realizar entrevistas vinculares a fin de valorar el tema de relaciones, posiciones o roles de los miembros con relación a nuestro paciente.

En las entrevistas con los papás buscamos antecedentes históricos de los padres, estilo de vínculos incorporados, las identificaciones, modos de relación, que nos darán un perfil de estructura de personalidad.

Finalmente con todos los datos recabados, así como le preguntamos al niño/a: ¿Alguna vez te pasó esto, alguien te hizo esto que le pasa al muñeco? En el momento adecuado también se lo preguntamos a los padres acerca de sí mismos y acerca de su hijo "¿ustedes creen que a su hijo pudo haberle pasado algo….?"

Los datos aportados por la hora de juego y las entrevistas con los familiares, no dejan lugar a dudas si el/la niño/a padece o ha padecido un abuso sexual. A veces es más difícil que nos cuente quien es el abusador, por los lazos de coacción con el victimario.

Una intervención en el momento adecuado, la posibilidad que pueda contarlo una y mil veces, el trabajo necesario para desculpabilizarlo, promoverá en el niño ó en la niña, un camino distinto al mundo de relaciones con el adulto y un nuevo encuentro con su cuerpo.

Siempre les digo a mis pacientes y alumnos que el abuso infantil es **un tiro en la cabeza de un niño.** Como cirujanos del alma necesitamos abrir y limpiar hasta que no quede más esquirla que la del recuerdo y que el mismo ayude a través del poder de la resiliencia a gestar nuevas potencias y creatividades. El abuso sexual nunca se olvida. El paciente aprende a convivir con ello tomando una nueva posición subjetiva. Deja de culpabilizarse y reintegrará esta vivencia a su vida psíquica responsabilizando a los únicos responsables: al victimario y los guardianes.

Como profesionales de la salud preferimos prevenir el ABUSO.

Nuestro deber como papás, maestros, familiares es poner atención. Una mirada responsable y sostenida, un buen par de orejas abiertas y ojos que miren profundo, ayudarán a proteger a nuestros chicos.

-3-

LIMITANDO EL DESBORDE

En los últimos tiempos llegan a la consulta psicológica padres preocupados por patologías que se asocian a situaciones de desborde y descontrol. Chicos que no pueden ser contenidos por padres o maestros, chicos que padecen problemas importantes de conducta y/o aprendizaje, dificultades en la concentración, hiperactividad, trastornos esfinterianos, etc.

Acompañados de pedidos urgentes por parte de las escuelas, desde diagnósticos hasta solicitudes de estrategias para abordar a "ese niño". El Jardín y la escuela se encuentran sin la respuesta acerca de que **hacer con estos chicos.** Los padres son abrumados por notas y solicitudes de entrevistas interminables, donde lo único que se produce es un circuito angustiante de reproches y culpas sobre la responsabilidad de "Encauzar a ese niño".

Desde una mirada general y más allá de la singularidad de cada consulta, esto que preocupa a los maestros y desvela a los padres, tiene cierta relación con situaciones por las cuales está atravesando el mundo adulto. Los chicos se encuentran ante un mundo adulto que tambalea. La realidad se encarga cotidianamente de ratificarlo, con informaciones que asocian la inestabilidad con episodios siniestros. ¿Cómo procesan los chicos estas sensaciones? ¿Cómo metabolizan el susto y la preocupación en la cara de sus padres? ¿El enojo en la cara de un maestro?

Ante esto deberíamos plantearnos ¿qué posibilidades tenemos los adultos de transmitir normas, ideales o valores, en un intento de contener el desborde?

En el mundo actual, el adulto se enfrenta a la posibilidad del propio fracaso, la inestabilidad de lo existente, la falta de recursos de lo instituido y conocido. Nos encontramos ante la dificultad de encontrar herramientas que nos sostengan. Probablemente esto se vaya transmitiendo a los chicos que parecen quedar librados a una vorágine que los atrapa y sumerge en la confusión.

Esta situación provoca en el adulto cierta fascinación por lo que imaginan que debe ser el mundo infantil, ese lugar de omnipotencia, donde todo se puede con sólo imaginarlo. Frente a esto, los chicos quedan anclados en una posición tramposa en la que se les atribuye un poder incalculable y no son ayudados a crecer, es como si se tratara de preservarlos de la hostilidad del porvenir. El adulto tiene la intensa sensación de no poseer elementos válidos para la crianza y el desarrollo de sus hijos.

La apuesta posible, desde lo familiar, es trabajar para crear condiciones que permitan encauzar, poner límite al caos.

¿Qué hacer?

Un niño que presenta este tipo de dificultades en las relaciones con los otros, sean compañeros, papás o maestros, es un chico que está SUFRIENDO. Es un niño que pide a gritos que se lo ayude.

Cuando un Papá se enoja o castiga por estas conductas disfuncionales no puede ver el dolor detrás de ella, aquello que disfraza el sufrimiento.

Si a un adulto lo acusaran durante su día laboral de portarse mal, lo mandarían a hablar con el gerente de su empresa porque no puede dejar de hacer las cosas mal, le pedirían su cuaderno donde firmarían una MALA NOTA o una triste nota y luego debería enfrentarse en la casa a todos los que le recriminarían su accionar: Terminaría en un estado de *estrés* indescriptible, silencioso y sin salida, porque no tendría argumentos para poder explicar porque actuó de determinada manera.

El Castigo no sirve

Sentarse con el niño por más chico que sea y preguntarle como se siente cuando le pasa esto, pedirle que lo dibuje, es empezar a abrir un espacio para que aquello que lo confunde, que no puede PARAR comience a encontrar una vía de sublimación.

Proponer un juego de roles donde uno de los papás haga de niño y él ocupe el lugar de papá o de maestro, nos dará una visión en perspectiva de aquello que realmente está pasando.

La posibilidad de que el niño encuentre un espacio donde se lo escuche, y no sólo sea retado o castigado, empieza a liberar las tensiones a todos.

Un espacio de encuentro (unos minutos, un ratito) donde se lo mire y escuche interesado en aquello que quiere decirnos y no sabe como.

Un límite determinante

Un límite determinante sin cara de enojo, sin cara de furia. Un límite con argumento "esto no se puede por esto...", no sólo ayuda a distinguir entre el proceso necesario para llegar a algo deseado (la espera), sino y más importante, lo saca del marasmo de la insatisfacción y el inconformismo, cuando todo lo tiene, cuando todo se da, para que se calme. Nada alcanza. Así, sus deseos quedan ocultos en la vorágine de la demanda masiva de objetos y situaciones que dejan de ser placenteros para convertirse en: ¿Qué hacemos después? Después me comprás... con el chupetín recién comprado en la boca.

Un mensaje claro

"Hoy vas a jugar a lo de Agustín hasta las 19 horas". Cuando se lo pasa a buscar y aunque haya invitación de postergar un ratito más el encuentro, o quedarse a dormir... "NO, hoy quedamos hasta esta hora, otro día arreglamos de otra manera".

"¿Me comprás un Chupetín?" Llegamos al kiosco y el pedido es chupetín, chocolate y figuritas. "No, quedamos en chupetín, mañana figuritas".

Estos límites y mensajes claros crean la ilusión del próximo encuentro, ayuda a la tolerancia, a la frustración acompañada y contenida por quien SABE que hacer: "El adulto".

El adulto tiene el gran temor de dejar a su hijo insatisfecho, el temor de ser autoritario, de frustrarlo y esto va en contra de todo lo necesario para el desarrollo y bienestar de un niño.

El adulto tiene la responsabilidad de encausar la sensación de bienestar con límites cariñosos, orejas predispuestas a escuchar y salidas posibles de esta confusión en la que se encuentran papás y niños.

Muchas veces la problemática se va de las manos y no se sabe como implementar este tipo de estrategias, allí es hora de consultar con un especialista, solicitando la orientación para encauzar la vida en familia nuevamente.

-4-

Nuevas modalidades patológicas comportamentales.
SÍNDROME POR AUTOENCIERRO.
Aporte al diagnóstico de Ansiedad Social.
PATOLOGÍAS URBANAS.

El **Hikikomori** (en japonés **?????** o **????**) se piensa en oriente como un síndrome cultural, un tipo de conducta social que se refiere al autoencierro decidido, que actualmente afecta a 1.200.000 adolescentes de ese país.

A mediados de 1980 empezaron a llegar a las consultas del **Dr. Tamaki Saito,** jóvenes apáticos y nada comunicativos, que pasaban la mayor parte de su día dentro de la habitación. Estas consultan las realizaban en el hospital **Sofukai Sasaki** que el Dr. Saito dirige.

El Dr. Saito no tenía un nombre para esta conducta, comenzó a decir **Hikikomori** para referirse al problema. **Hikikomori** en algunas de las acepciones posibles de traducir al castellano significa: reclusión, aislamiento, evasión.

Quizá **Retirada** sería la palabra mas adecuada. Es un sustantivo que describe tanto el problema como a la persona que lo padece y además es un adjetivo: Alcohólico.

Al comienzo el Dr. Tamaki Saito los diagnosticaba como un tipo de depresión o trastorno de personalidad, sin embargo a medida que atendía más pacientes con síntomas similares, o consultas de padres describiendo este tipo de conducta, alcanzando a atender a más de un millón de jóvenes que se encontraban encerrados.

El experto considera que se trata de un problema eminentemente familiar y social.

El Síndrome

El problema hace referencia a una persona que se encierra durante meses o años en su cuarto y carece de vida social más allá de su casa. Algunos **hikikomori** salen ocasionalmente de su cuarto a comer con los padres, comprar algo a altas horas de la noche o ir a la escuela para volver a encerrarse.

Por otra parte, si bien hay mujeres hikikomori, los especialistas estiman que el 80 % son hombres, algunos de hasta 13 a 14 años que llegan a pasar 15 años o más, encerrados en sus cuartos. También se registran casos en Taiwán y Corea, pero en Japón es donde el **Hikikomori** se convirtió en un fenómeno social.

El **Hikikomori** se piensa como un síndrome cultural que se produjo en determinado país y durante un período específico de su historia. A medida que el problema fue creciendo surgieron en Japón diferentes estructuras relacionadas a la ayuda de familiares y de **Hikikomori**: Grupos de apoyo para padres, programas que ofrecen dormitorios fuera del hogar y capacitación laboral.

La opinión pública sigue buscando respuestas y responsables. Las variables que se manejaron abarcan desde madres sobreprotectoras hasta padres ausentes. Agresiones escolares, estancamiento económico, presión académica y ludopatía (videojuegos).

Estos jóvenes se pasan el día navegando en Internet, jugando horas en sus consolas de juegos sin más requerimiento que conseguir un poco más de tecnología que guardan cual tesoro en su cuarto. Muchas familias resignadas a esta decisión de sus hijos, salen a comprar aquello que les solicitan y preparan la comida llevándosela a su cuarto, si el joven decide no salir siquiera a cenar con ellos y esto ocurre en la mayoría de los casos.

Desde hace diez años, el **Dr.** Saito es el principal especialista japonés en **Hikikomori,** escribió muchos libros acerca de esta problemática, entre ellos: "Como **rescatar a su hijo del Hikikomori"**. El Psiquiatra Dr. Tamaki Saito, cree que la causa radica dentro de la historia y de la sociedad japonesa. Últimamente, en una entrevista afirmó que tanto la poesía como la música tradicional de Japón "celebra a menudo la nobleza a la soledad". Más recientemente, el Dr. Saito señaló: "Que la relación entre las madres y sus hijos en Japón, a menudo es una relación simbiótica y co-dependiente. Las madres se preparan para cuidar de sus hijos hasta que hacen 30 o 40 años.".

En las Hipótesis manejadas por el Dr. Saito podemos ver que él sostiene dos variables como ejes principales del problema: la primera, que se trata de un tipo de relación especular y simbiótica con la madre y la segunda, que la tradición y las costumbres japonesas son partes del fenómeno. Por ello, es claro que uno de sus libros se tituló: "Como rescatar a su hijo del Hikikomori", pensando el fenómeno como algo que toma al joven desde afuera, secuestrándolo, lugar desde donde hay que sacarlo. El Dr. Grubb, es Psicólogo y Profesor de la Universidad de Maryland, EE.UU., residente en Japón hace algunos años, preparando el primer estudio acerca de los **hikikomor**i para publicar fuera de Japón. Se ha tomado la tarea de investigar los casos de **Hikikomori,** a partir de ello define el fenómeno de esta manera: un número creciente de jóvenes y adolescentes japoneses optan por recluirse en sus habitaciones para evitar todo tipo de contacto social. Son los **Hikikomori**, chicos cuya vida transcurre durante meses e incluso años entre electrónica de última generación y comida basura. No van al colegio, no tienen amigos... Impotentes, muchas familias optan por dejar pasar el tiempo.".

Según este experto la gente joven de este país padece una enseñanza excesiva acerca del miedo al mundo, se los ha pensado como agorafóbicos, pero para el Dr. Grubb el **Hikikomori es una condición específica que no existe en otra parte**.

Rechaza absolutamente la idea de que esta condición pueda sostenerse en países de occidente, ejemplificándolo de esta manera: "si mi niño se encerrara en su cuarto, golpearía la puerta abajo y lo haría salir simplemente, como lo haría cualquier padre occidental".

En Japón esto no es una solución plausible. Los padres sostienen la elasticidad, el tiempo de espera creyendo que es una fase y que el joven crecerá. En Japón, si un niño decide no ir a la escuela, tanto los padres, trabajadores sociales o las cortes de justicia no logran conseguir la reinserción.

Unívocamente la postura del Dr. Grubb hace responsable a la tradición, a las costumbres y a los estilos de crianza de los padres japoneses de tener un hijo **Hikikomori** y en ello coincide con la segunda variable aportada por el Dr. Saito, arriesgándose a nombrarlo como un trastorno psicológico con límites geográficos y específicamente un problema de índole familiar.

Hipótesis Socio- ambientales

Los medios los definen como la generación perdida, el millón de desaparecidos y parasitismo social. Las hipótesis que se manejan hasta la actualidad, refieren a que el trastorno es una consecuencia, en parte de la interdependencia entre padres e hijos en Japón y en otro lugar, de la presión que sufren los varones, sobre todo primogénitos, para destacarse en el mundo empresarial, académico y social. Según la opinión de especialistas, los padres japoneses actuales son más exigentes, porque la baja tasa de natalidad implica que éstos tienen menos hijos en cuales depositar sus esperanzas.

La resistencia a asistir al colegio se duplicó a partir de 1990, cuadro que por lo general precede a la aparición del encierro. Por otra parte, cientos de miles de mujeres y hombres no trabajan ni estudian en Japón, ya que a lo largo de 15 años de crecimiento lento, los trabajos son part-time o hay directamente desempleo. Lo cual genera, según los especialistas, una sensación de desaliento respecto del futuro.

En Japón, la posibilidad de crecimiento está definida por el ingreso a prestigiosas universidades y empresas, ingreso que comienza con la preparación exhaustiva del adolescente durante años. Si un chico no sigue este camino se lo considera un fracaso.

En la actualidad y luego de los avatares de la Segunda Guerra Mundial, la economía global exige habilidades y competencias que padres y colegios no enseñan. Los varones pasan la infancia y la adolescencia preparándose para un sistema laboral que se redujo y no tiene posibilidades ni lugar para todos. Reina la desesperanza al no poder adecuar el sistema actual a las necesidades y capacitaciones de la población.

Los expertos señalan que los padres japoneses llevan una vida cada vez más aislada y que no saben como comunicarse con sus hijos, y por ende enseñarles a comunicarse.

En Japón, al seguir tradiciones tan férreas, si el joven no encaja en lo que se espera de él, reputación, aspecto externo, se produce cierta rebelión silenciosa como esta nueva modalidad Hikikomori.

El Dr. Saito señala que:

> "Todo impulso que pueda tener un **Hikikomori** para aventurarse en el mundo y tener una relación romántica o sexo se ve reprimido por su auto-odio y por la necesidad de cerrar las puertas para ocultar al mundo sus fracasos, reales o imaginarios."

Parece obvio que lo que en otras culturas se muestra como rebelión, el vivir en la calle o participar de tribus urbanas, violentas o no, consumir drogas y alcohol; en Oriente la rebelión es desde la apatía, como en el caso de los Hikikomori.

Ryu Murakami, uno de los escritores japoneses de mayor prestigio, define con precisión y desapego el estado **Hikikomori**:

> "Chicos retirados de la sociedad que se encierran en su habitación y rechazan cualquier tipo de contacto con el mundo exterior. Viven al revés: duermen todo el día, se levantan por la tarde y se quedan despiertos toda la noche viendo la televisión o entretenidos con videojuegos".

El célebre antropólogo cultural James Robertson de la universidad de Jogak-kan, de Tokio, autor del libro "Hombres y masculinidades en Japón contemporáneo", afirma que el Hikikomori es una resistencia a la presión que comienzan a vivir los niños en la escuela y ante el nivel de éxito demandado hacia ellos. Algunos de ellos responden diciendo: "Se va todo al diablo".

En Europa los expertos afirman que la segunda potencia económica mundial ha generado (de forma casi exclusiva a nivel global) una curiosa y exótica tipología de comportamiento: los **Hikikomoris**, suelen ser varones de entre 15 y 25 años que, según algunas estimaciones, suman más de un millón de habitantes dentro de una población de 125 millones.

Para los especialistas la clave está en pensarlo en relación a la competencia extrema que se da en la escuela y en el trabajo, timidez e introversión inherentes al carácter japonés, acoso escolar, incompetencia comunicativa en una sociedad ultra-tecnificada, que al parecer, puede llegar hasta el punto de negar toda relación con los padres, de manera que éstos se ven obligados a suministrar comida a sus hijos y aquello que requieran.

En muchos casos, el encierro es tal que dura meses e incluso años. Buena prueba de ello son los 50.000 alumnos de secundaria que, según el Ministerio de Educación de Japón, dejan de asistir a clase por tiempo prolongado, aduciendo motivos emocionales.

En Occidente, el rechazo de las sociedades actuales al juego colectivo es un lugar común. El traslado de los lugares abiertos y compartidos (la calle) hacia la soledad de la habitación, como entorno de ocio habitual entre nuestros niños y adolescentes es evidente, como también lo es que el juego físico e interpersonal dio paso a la consola, a la computadora y a la televisión.

Aquello que en Europa parece un proceso lento y de efectos aún inciertos, en Japón lleva tiempo como preocupación nacional de primer orden.

Soluciones Orientales

La solución encontrada en Japón para este trastorno, fue la apertura de clínicas en las que se ofrece una casa intermedia para recuperar a las víctimas. Por ejemplo, "Nuevo Comienzo" es uno de los programas realizados para la asistencia de **Hikikomori**. La estrategia consiste en que luego del primer contacto de los padres, deberá presentarse ante el joven, una "hermana de alquiler" que mediante una carta le dará a conocer el programa. Una vez que se establece el contacto con el **Hikikomori**, se presenta en la casa "la hermana de alquiler". Ante este encuentro, la típica respuesta de estos adolescentes es decirles que se retiren.

Pueden pasar meses hasta que el Hikikomori abra la puerta, si logra hacerlo, y otros tantos hasta que se anime a salir por un rato con "la hermana de alquiler". El objetivo primordial es trasladarlo, mudarlo luego de cierto tiempo a los dormitorios de las clínicas. Y allí participará de programas de capacitación laboral.

Entonces, la solución encontrada hasta el momento, es cambiar el ámbito de vida cotidiano por otro que mejore la posibilidad de que el joven comience a tener ganas de "empezar de nuevo", tal como lo propone Nuevo Amanecer.

Noki Futagami, el fundador de Nuevo Comienzo, nos deja entender que la sociedad japonesa es una colectividad donde es común que los hijos vivan con los padres hasta los veintitantos años y a pesar de la declinación económica, muchos padres pueden mantener a sus hijos en forma indefinida. "Los padres japoneses les dicen a sus hijos que vuelen, sujetándoles con firmeza los tobillos", una de las consecuencias de esto es la existencia de una nueva subclase de hombres jóvenes que no pueden incorporarse al mundo laboral, o se niegan a hacerlo ofreciendo un marcado contraste con la imagen tradicional de Japón como país de asalariados. Futagami afirma:

> "La brecha aumenta. Sospecho que la sociedad se va a polarizar. Habrá un grupo de personas que podrá vivir en el mundo globalizado y también habrá otro como los Hikikomori que no podrán hacerlo."

Argentina y Latinoamérica

En Argentina nos encontramos con esta patología hace algunos años. Jóvenes que abandonan por completo sus lazos sociales encontrando refugio en sus casas. A veces en toda la casa y otras veces en sólo una habitación elegida para recluirse.

La dolorosa sensación de temor que los paraliza, hace que se escapen encerrándose de todos y sobre todo de ellos mismos. Cerrando sus puertas y no abriéndolas más. En general estos jóvenes sienten que no están preparados para enfrentar las tareas y responsabilidades cotidianas, sintiendo mucha presión, por parte de los padres y familia, para que triunfen.

Por lo general, estos chicos son de clase media y alta, con un alto grado de exigencia que al menor fallo o error se derrumban pensándose incapaces de todo. Una de las mayores preocupaciones de los adolescentes es su rendimiento en el colegio, a menudo enfrentan la presión de padres y maestros: "ser el mejor de todos". Desde niños la única certidumbre es que el amor depende del éxito, por lo que dejan sus actividades cotidianas para no fracasar. Al no poder cumplir con tales expectativas, evitan la posibilidad del fracaso, que a sus ojos sería el retiro del amor fraternal.

Por otra parte, los compañeros de clase de estos jóvenes, se burlan de su aspecto físico, su rendimiento o su orientación sexual. Éstos, a diferencia de otros, son afectados en particular por estar tan pendientes de las miradas del entorno, que los sostienen o derrumban según el gesto ofrecido o interpretado por los propios adolescentes. Creyendo que son sólo gordos o sólo malos alumnos, dándole categoría de existencia, convirtiéndolos sólo en una burla y en un fracaso para ellos mismos y para los demás, arrojándose así, al lugar de víctimas, porque en algún punto creen que lo merecen.

Un **Hikikomori** no es sólo un Fóbico, esto no es más que un síntoma de su trastorno. Reacciona con aislamiento social para evitar toda presión exterior. Y en la mayoría de los casos la fobia social es producto de los años de encierro. Normalmente se trata de varones de entre 13 y 20 años, quienes se recluyen en sus dormitorios o en alguna otra habitación de la casa de sus padres, durante períodos de tiempo prolongados, a menudo años. Se encuentran tristes, pierden sus amigos, se vuelven inseguros, tímidos y hablan menos, la mayor de las veces hablan para expresar necesidades cotidianas.

Una vez que el joven se recluye comienza a manifestar ira por todo lo que viene del afuera, se convierte en la mayoría de los casos en "El soberano de la casa", no permite visitas para él ni para nadie. La falta de contacto social de estas personas y el aislamiento prolongado tienen un gran efecto en la mentalidad de los **hikikomori**, y pierden sus habilidades sociales, cognitivas y los referentes morales necesarios. El mundo de la televisión o de los videojuegos se convierte en su marco de referencia. En su mayoría duermen a lo largo del día, y ven la televisión o juegan en la computadora y consolas de juegos durante la noche.

La Familia

El tener un hijo con este síndrome, es considerado un problema familiar, y los padres esperan mucho tiempo antes de buscar ayuda Psicológica. Lo viven como algo vergonzoso, recluyéndose a veces tanto como su hijo. En general es la madre quien acude a la consulta, luego de varios intentos fallidos donde se le ha ofrecido internación para su hijo, debido a que éste no accede a concurrir a la visita con un profesional. La desesperación ante el problema que vive toda la familia es catastrófica, el adolescente amenaza con matar o matarse si lo obligan a hacer algo, como acudir a una consulta. Los padres no saben que hacer y están a la expectativa de sus acciones y cambios de humor. La situación para los padres y los hermanos es amenazante, y reina en la casa el temor a todo tipo de tragedia.

Tratamiento del Síndrome Por Autoencierro

Hay diferentes opiniones sobre el tratamiento que se debe seguir. Los expertos japoneses sugieren esperar hasta que el **Hikikomori** se reincorpore a la sociedad por su propia voluntad, por clasificarlo como una conducta social, mientras que los occidentales piensan que hay que forzarlo si es necesario.

En mi experiencia, ninguna de las alternativas es la solución. Es allí donde el profesional se acerca a la *"fortaleza vacía"* del **Hikikomori** para comenzar el tratamiento. El tratamiento consta de una dedicada intervención familiar. El trabajo con la familia, primero en la aceptación de la situación y luego en la generación de estrategias de salida para y con su hijo, en la búsqueda de una nueva mirada para ese adolescente perdido dentro de su cuarto, y para ellos mismos como una familia más saludable, con vínculos basados en el bienestar y no en la exigencia.

Basada en la recuperación de casos de **Adolescentes Autoencerrados** puedo afirmar, que tanto el trabajo familiar como el trabajo terapéutico con el joven, en principio en su domicilio, da resultados consistentes y eficaces. Las técnicas y estrategias son originales porque no existe nomenclatura científica ni se conocen formas de tratamiento llevadas adelante en Latinoamérica. A diferencia de la sociedad científica japonesa considero el **Síndrome por Autoencierro** una patología actual en ciernes con indicadores psíquicos y somáticos específicos, con posibilidad de una epidemia tanto como la anorexia en los 90 y el autoflagelo del 2000, nuevas formas de comportamiento que velan una patología de base que debe tratarse como tal.

Criterios para el diagnóstico del Trastorno por Autoencierro

- El Adolescente se aísla progresivamente hasta llegar al autoencierro.

- El sujeto se autoencierra por más de 2 meses.

- Su comportamiento comienza a ser errático con relación a intereses y proyectos anteriores.

- Muestra desazón y desinterés por proyectos y futuro en general.

- Comportamiento de evitación a situaciones públicas o a personas desconocidas.

- Absoluta oposición a salir de la casa o a recibir visitas.

- Descuido de su persona, su higiene y su vestimenta.

- Comportamiento violento y amenazante ante la confrontación de su situación.

- Su único vínculo es con la familia conviviente.

- Su única actividad e interés pasa por los juegos de computadora y consolas (Ludopatía).

Población afectada

- Hijos varones primogénitos.

- Familias clase media alta- alta.

- Edad de 13 a 20 años al momento del Autoncierro.

Descripción y Características de las Familias

- Las madres son sobreprotectoras en extremo.

- Los padres se muestran débiles, ausentes y desdibujados (vivan o no con el hijo).

- Muchas de las familias son integradas por la madre y el hijo, y en estos casos se sabe poco del padre. El hijo no lo ve con frecuencia o ha desaparecido por largos años.

- Los padres/madres son temiblemente aprehensivos. Tienen un exagerado temor de que algo trágico pueda pasar.

- En todas las familias las relaciones, obligaciones, deberes y derechos los regulan las madres.

- La voz del padre poco de deja oír y es el último en enterarse de los acontecimientos.

- Ambos padres no recuerdan los acontecimientos del pasado del niño. No logran ubicar el comienzo del trastorno, ni acontecimientos del orden vital de la crianza de ese niño.

- Los padres piensan al hijo como una persona Especial, que en general significa débil o loco.

- Los Hikikomori se preocupan excesivamente por la salud de la madre.

- Hablan del padre como un ser fracasado e inútil. Incapaz de trasmitir confianza, visión que comparten con la madre y sus hermanos.

- La atención de la familia está centrada en el Hikikomori. No se atiende a las necesidades de los otros hijos.

- Los Hikikomori, en el 90% de los casos son varones primogénitos, de los que se esperaba de un gran éxito.

- La mayoría de los Hikikomori han sido hostigados en el ámbito escolar (*Bulling*), los padres nunca lo supieron y él nunca supo defenderse, padeciendo la burla en soledad.

- Los Hikikomori son hostigadores familiares (Síndrome del Emperador).

Viñeta: "La entrada a la fortaleza"

Gonzalo tiene 17 años y al escuchar el timbre que anunciaba mi llegada, tomó un cuchillo y se lo colocó en la garganta a la madre diciendo: "si entra hago una masacre". Imaginen la situación, el padre baja aterrorizado y me dice que mejor me vaya, que esto ya lo habían vivido con un médico de urgencias que habían llamado una vez por una dolencia de su hija mayor y al cual no pudieron dejar entrar. La escena era dantesca, un joven de un metro ochenta, obeso de 120 kilos, tomaba a su madre por detrás y blandía un cuchillo amenazante; no recuerdo que gritaba, pero gritaba mucho. Alrededor de él, dos nenas de 10 y 12 años lloraban desconsoladas, y el padre al lado de la puerta abierta dispuesto a escapar.

Y dije con un tono muy bajo, muy lento: "Gonzalo ya me voy, pero antes que me vaya soltá el cuchillo que te vas a lastimar y no hay necesidad". Se sorprendió, miró el cuchillo y lo bajó, pero no lo soltó.

Le dije: "realmente no hay necesidad de asustar tanto a tus hermanitas, vos no querés lastimar a nadie, sólo querés que yo me vaya y prometo que me voy a ir".

Soltó a la madre y ella se tiró en un sillón a llorar. Las nenas se arrojaron arriba de ella, mientras el padre se encontraba impávido en la puerta. Hablé de nuevo: "Gonzalo mirame, ¿te parece que puedo ser un peligro para vos? si me soplas me caigo". Mientras escuchaba las risas nerviosas de todos.

Utilicé otra vez el humor para configurar una nueva escena. "Ahí viene la psicóloga de un metro sesenta a charlar con la familia y aparece el emperador con la espada en la mano, te falta la capa nomás, ¿Sabés que al que traía las malas noticias lo decapitaban?, la diferencia es que yo traigo las buenas, así que por favor necesito un vaso de coca", les dije. Gonzalo se retira y para el estupor de todos, vuelve con un vaso de gaseosa y se sienta a la mesa. Lo toma y no me mira. La madre se levanta y me trae un vaso de gaseosa para mí. Les pido que se sienten a la mesa, el padre cierra la puerta y nos sentamos todos. Comienzo a explicarles cual es la situación.

Me dirijo a Gonzalo y le digo: "tus papás están preocupados por vos, por tu encierro, ya viste que todos te tienen miedo y yo me propongo ayudarlos. Tenemos dos opciones, o vengo a visitarte o la asistencia social envía una ambulancia y te internan, vos elegís". Y así comienza nuestro diálogo…

Gonzalo: -No necesito ayuda, yo puedo solo.

Terapeuta: -No, realmente no y lo sabés, vos elegís.

Gonzalo: -A mí no me internan, porque los mato a todos.

Terapeuta: -Pero si elegimos que venga a visitarte, descartamos la internación.

Gonzalo: -(*Entre dientes y sin mirarme*) Está bien.

Terapeuta: -¿Qué día te queda cómodo? *Tratando de establecer cierto encuadre.*

Gonzalo: -El viernes.

Terapeuta: -OK, viernes al mediodía.

La mamá: -Nosotros estamos trabajando, pero está la empleada.

Terapeuta: -¿Tenés algún problema Gonzalo, de que no estén tus papás presentes cuando venga a visitarte?

Gonzalo: -No.

Terapeuta: -Listo, vendré los viernes.

Esta viñeta puede servirnos para entender de que manera estos adolescentes, van tomando la casa y ubicando las relaciones. El temor y la amenaza son constantes si no se cumplen con sus requisitos. Por intuición y supervivencia encontré este modo, que reconozco osado para ubicar cierto límite que Gonzalo necesitaba. Debía mostrarle cuales eran las consecuencias en su accionar violento con relación a su familia. Gonzalo ponía las reglas y los demás sumisamente las cumplían. Un verdadero, cruel y Temeroso Emperador.

-5-

TRASTORNOS DE DESBORDE

La adolescencia impone al psiquismo un trabajo arduo de metabolización y transformaciones. Este trabajo tiene características singulares, la estructuración o desestructuración dependerá de la manera en que el joven vivencie tanto los cambios corporales, como las exigencias socio-culturales.

Asistimos a la reconstrucción de un mundo propio, con organización propia.

Los discursos sobre el cuerpo, traducidos por los padres en un comienzo y enunciados por la mente infantil, luego van construyendo la propia historia.

La pubertad, ligada a la metamorfosis corporal, enfrenta al joven a una realidad que impone un reordenamiento afectivo y representacional para poder aceptar el nuevo cuerpo. Renunciando a las satisfacciones infantiles, en búsqueda de nuevos objetos que le permitirán el armado del nuevo mundo propio.

Esta etapa, exige al adolescente convertirse en propietario de su cuerpo, sin estar listo definitivamente para renunciar a los beneficios de copropiedad que tenía con sus progenitores. Renuncia que también, deben llevar a cabo los padres ante el cuerpo infantil de su hijo.

El trabajo consiste en encontrar soluciones para garantizarse, más allá del voluptuoso cambio interno y externo que se le impone, la continuidad del sentimiento del Sí-Mismo, para lograr no llegar a una ruptura.

La posibilidad de acceder a una imagen unificada del cuerpo es el proyecto al que se debería arribar.

Enajenación doble, por la adquisición de un nuevo cuerpo aspirante al mundo de la "sexualidad adulta", propio y ajeno al mismo tiempo. El joven constituye con sus pares una organización compleja que lo soporta y contiene: la comunidad adolescente. Proporcionando emblemas de clase, normas, lenguaje específico, tratando de estabilizar una identidad en transición que debería acompañar al descubrimiento de la brecha generacional.

El adolescente se tomará de estos emblemas, lenguaje y espacios, de la misma manera con que antes tomaba la mano de sus padres. Sin esto, sentiría el desarraigo y la soledad de pasar a un nuevo mundo inexplorado. Pero… ¿Qué pasa cuando estos emblemas, lenguaje, atuendos, son tomados por la generación que antes le tomaba la mano y ahora toma su espacio? ¿Dónde ubicarse para tener un lugar propio? ¿Cómo rebelarse frente a un razonamiento adulto que ya no es tal? Donde adultos y adolescentes están uniformados de la misma manera, tatuados, perforados, vestidos, travestidos. Se produce la enajenación, no aquella a la que estamos acostumbrados a hablar en nuestro diccionario psicológico. Enajenación, que no sólo afronta el cuerpo del adolescente, sino su estructura mental antes contenida en su tribu, y ahora librada a compartir este espacio con la generación con la que habría de existir una brecha, cada vez más angosta.

Los adolescentes se transforman en un puñado de gente que no sabe que más hacer para diferenciarse, para tener su propio clan, su lugar en el mundo, intentando dar cuenta la pertenencia de uno mismo como parte de ese clan afianzando el Sí-Mismo, sus identificaciones, sus quejas. El cuerpo es el primero que aparece en escena y comienzan las mutaciones, agujeros, prótesis dentales, prótesis de arcilla. Nuevos cuerpos tatuados, perforados transformados para diferenciarse y cada vez más porque rápidamente el mundo adulto los alcanza.

Naturalización de lo artificial, el éxtasis, el alcohol como salida posible del aburrimiento o única posibilidad de diversión y diferenciación. Cuerpos y mentes virtuales, adolescentes detrás de pantallas con otros nombres. Sin nombres propios. Mil personalidades, *nicknames*, cuerpos y almas esquizofrenizados en los avatares de ser otro, mejor, especialmente distintos a la generación de los padres.

Asistimos a la era de padres que no están cerca, no saben, no contestan, fascinados por el mundo adolescente y queriendo protagonizarlo, haciendo un barrido del lugar de hijo adolescente.

Hace algunos años estamos asistiendo a la presentación clínica de cuerpos flagelados. Cuerpos en ayuno, cuerpos que vomitan, cuerpos que se cortan o escriben con tijeras y punzones, cuerpos entregados al sexo sin deseo casi con mortificación, sin mediación, cuerpos extasiados, alcoholizados, perforados, agujereados o encerrados, en definitiva *Cuerpos Desbordados* por estímulos externos para atenuar la sensación de vaciamiento. Nos encontramos ante sujetos con trastornos no convencionales, conscientes de las representaciones y sus afectos, indicios que no son síntomas a la manera freudiana.

Existe cierta perturbación del sentido, pero el sujeto la vive conscientemente. "Me corto cuando estoy triste y así me siento mejor". "Vomito para largar todo lo malo, me vacío de lo feo". Frases que se repiten en los adolescentes con estas problemáticas.

Desborde psíquico de angustia que no llega a desarrollarse como un proceso ni como una señal, cae como plomo sobre estos cuerpos frágiles en constitución, sin mapa, sin sur ni norte. La violencia emocional rompe toda posibilidad de elaboración de los cambios puberales, al punto de hacer estallar aquello que debería haber sido un devenir psíquico en una implosión en el cuerpo. Desborde de todo límite, el dolor físico calma lo insoportable del dolor anímico.

El ejercicio de las automutilaciones obtiene el mismo estatuto que antes ocupaba la angustia. Sea bajo la forma sacrificial de la protesta social-familiar, o bajo la forma no menos sacrificial de la protesta contra el cuerpo que le ha tocado en suerte, "suerte" que no cesa jamás de remitir, también, a un canon, a un estatuto, a un código social del cuerpo, más que al cuerpo mismo. Pero los dos procesos consignan especialmente un desdoblamiento, una separación, un distanciamiento de lo "corporal". El automutilado se aleja, se ve a sí mismo en perspectiva, para manipular, ese objeto: su cuerpo como otro ajeno al sí mismo. Tanto los trastornos alimentarios, las adicciones, las automutilaciones, como el autoencierro, son algunas de las patologías que he dado en llamar Trastornos de Desborde. Desborde pensado como aquello que no cabe en el circuito de la elaboración psíquica. Trastornos como aquello que cae fuera de sitio, perturbando el sentido. Desborde como posible consecuencia de la falta de sostén familiar y social.

Además de la transformación sufrida en el cuerpo, por el desarrollo mismo, los adolescentes de hoy se encuentran ante la problemática de encontrar la diferencia con la generación de sus padres. Los adolescentes no encuentran lugar, no hay reducto que los diferencie. Ya no existe frontera que diferencie a los chicos que se tatúan y se ponen *piercing*, con el mundo adulto. Ahora el mundo adulto va al mismo compás.

La demanda de estos adolescentes no es la del joven incomprendido, la demanda es desesperación. Los Papás no están, ni como ogros ni como hadas, simplemente no se encuentran disponibles para estos chicos, están ocupados en otros menesteres, sea su profesión, sea hacer dinero, sea abolidos por la desesperanza social, adoleciendo en todo caso de su función de garantes.

No podemos seguir pensando la constitución subjetiva de la misma manera que hasta ahora, sin caer en respuestas apresuradas, prejuiciosas o angustiantes. Necesitamos del esfuerzo de las ciencias sociales para pensar estos fenómenos, tanto clínica como socialmente.

-6-

RELATOS CLÍNICOS.
EL CUERPO COMO SIGNO

La palabra verdadera que se expresa
bajo el disfraz del síntoma,
era un fantasma mortífero,
pero no una intención mortífera.
M. Mannoni

Manuel tiene siete años y asiste a segundo grado de una escuela municipal, en la cual su papá desempeña la profesión de maestro. La mamá es docente de una institución privada.

Tiene un hermano menor a quien apoda *"el chancho"*, por su aparente fortaleza física.

Los papás consultan por una afección dérmica en el cuerpo de *Manuel.*

Tanto las manos como los pies del niño se ampollan, al punto de permanecer postrado en su cama por largos días. Las ampollas se tornan color verdoso y paulatinamente comienzan a llenarse de pus. Como consecuencia, las manos y los pies se conviertan en una única masa uniforme donde no pueden distinguirse los dedos.

63

La curación consiste, en pinchar, poco a poco, las palmas de los miembros con una aguja esterilizada y apretar para evacuar la infección. La tarea de curación la llevan a cabo los padres.

El primer episodio fue en noviembre del año anterior a la consulta, que por lo delicado del cuadro permaneció internado durante cuatro días.

Los padres recorrieron diferentes especialistas, probando toda clase de tratamientos que no dieron resultado. Todos coincidieron que por la magnitud de la presentación, existía una carga emocional importante en el síntoma.

En su primera infancia, *Manuel*, padeció broncoespasmos hasta los cinco años, combinándose uno de ellos con una fuerte neumonía, por la cual permaneció internado por catorce días.

La familia se caracteriza por una sintomatología orgánica abusiva. El padre padece psoriasis y colesterol, la madre cálculos vesiculares, agregándose en los primeros meses del tratamiento de *Manuel*, picos de hipo e hipertensión. El hermanito tiene anginas, otitis y broncoespasmos con repetición.

Pudo observarse en los primeros encuentros con los padres, un altísimo grado de exigencia de los unos con los otros. Así como también, una exagerada confusión y angustia concomitante con relación a los lugares que ocupaban cada miembro dentro de la familia y la importancia del reconocimiento a las sensaciones y sentimientos de cada uno. Esta familia se mueve como si fueran uno, cualquier falla es sentida como intolerable.

Esta familia se aloja en un mundo en el cual casi todo se expresa a través de enfermedades, un mundo de lo no dicho, una dramática historia de los padres que como pareja no logra ser, por el permanente revivir de sus propias infancias.

La mamá de *Manuel* había sido abandonada por su padre al ser muy pequeña, según cuenta su historia familiar, éste se había ido con otra mujer más joven repentinamente. Su madre volvió a casarse cuando ella tenía diez años.

Los problemas de pareja de los padres de *Manuel* comienzan al poco tiempo de casados. Ella no podía tener relaciones sexuales, no podía acercarse a la cama, no podía sentir nada, más que dolor. Recurren a una terapeuta de pareja con quien hacen un tratamiento por cuatro años. La construcción con la que cierran el tratamiento fue que la mamá, había sido abusada sexualmente por su padrastro, circunstancia que ella no recuerda, pero confirma por la homosexualidad de su hermano menor, a quien, ambos atribuyen el mismo destino.

Seis años atrás, la madre de *Manuel* conoce a su padre, quien estaba muy enfermo y muere al poco tiempo de cáncer de hipófisis. Luego de la muerte de su padre, comienza a escuchar voces que hablan de ella o de otras personas, no puede precisarlo, estos episodios suceden cuando está menstruando. Consultó con un psiquiatra que le diagnosticó una Depresión Reactiva y la medicó con ansiolíticos. Los episodios desaparecieron, para resurgir en la mitad del tratamiento de *Manuel.*

En la actualidad, ella tiene una muy mala relación con su familia de origen, tema por el cual vive angustiada.

El papá de *Manuel* se presenta como un hombre poderoso e inflexible, atribuye todos los problemas de la familia a la falta de carácter de su esposa. Se conmueve sólo cuando habla de su padre que murió hace ocho años de cáncer pulmonar, a quien extraña amargamente. Se queja de la relación entre su madre y su esposa que "pelean como perro y gato, para ver quien se queda con el hueso", o sea con él.

Primera entrevista con Manuel

Manuel llega al consultorio, arrastrando los pies y con las manos ampolladas. Me cuenta que su papá tuvo que traerlo a upa porque no podía caminar.

Trae un auto rojo a control remoto y me cuenta que se lo había regalado su tío. "Tengo un amigo en el colegio al que le encantan los autos, a veces me insiste tanto en jugar con autos que tengo que hacerlo sino se enoja", "me gusta jugar al fútbol, correr. Jugamos con los de séptimo y no fue difícil, me pasaban la pelota porque son alumnos de mi papá, me gusta que mi papá esté en el mismo colegio, así nos vemos más", relata el niño. A lo que luego le pregunto: "¿y tu mamá?".

"Con mi mamá me llevo bien, aunque a veces peleo porque me manda a hacer cosas, me insiste, me insiste y yo lo hago. ¿Sabés que estuve internado?", me pregunta. Le digo que sabía porque me lo habían contado sus papás.

"Cuando estuve internado yo estaba molesto y mi papá no podía dormir, mi mamá no tenía fuerzas en el hospital. Ella no come mucho, fue al gimnasio y no tenía fuerza. A mi hermano no lo puede levantar, viene a cuidarlo una chica y mi abuela", me cuenta *Manuel*. Luego toma un auto de la caja, lo apoya sobre una hoja y lo bordea con un marcador. Se vuelve a mí y dice: "Me gustan los autos".

Esta es la manera en que se presentó *Manuel*. A upa en los brazos de su papá, con un auto controlado por sus manos ampolladas, beneficiado en principio, por la circunstancia de compartir el colegio con el padre, con una madre sin fuerzas y emblemando su internación. Un niño que cuando le insisten no logra negarse.

Con la aparición de las ampollas, hay una realidad psíquica que se esconde, queda envuelta o velada por esa piel ampollada que no permite al sujeto moverse, que lo deja literalmente postrado. Este niño se hace conocer por ese cuerpo (partes) que no funciona, y esa es su manera de representarse.

Sesión

Según los padres, *Manuel* come poquito, casi nada. Dice que le duele la panza.

En una determinada sesión mantuvimos el siguiente diálogo:

Manuel: -El Día del Padre la pasamos más o menos.

Terapeuta: -¿Por qué?

Manuel: -Mi mamá hizo caprichos, no quería comer. El martes mi papá dijo que sino comía, no jugaba el campeonato de fútbol.

Terapeuta: -¿Quién? ¿Tu mamá?

Manuel: -No, yo. Entonces comí lentejas que comía mi abuelo y era muy fuerte. (*Continúa su relato cambiando el marco de la conversación*). Mi mamá se desmayó y llamaron a la ambulancia, porque se peleó con mi abuela y le hizo mal, le bajó la presión.

Terapeuta: -A veces no se entiende que cosas te pasan a vos y que cosas a tus papás.

Manuel se pone a jugar con los autitos, los empuja débilmente, con cierto temor. Le pregunto si puedo jugar con él, me hace un gesto con los hombros. Tomo uno de los autitos y lo tiro con fuerza contra la pared, me mira azorado. Vuelvo a hacerlo. Me pregunta: "¿Se puede?", y le contesto que se puede jugar.

Se anima y comienza a tirar los autos con fuerza, en un momento se descontrola, los tira contra las paredes, contra el techo. Lo dejo.

"Soy una masa tirando los autos, hoy no podía caminar a la mañana y no fui a la escuela, ahora no me duele", comenta *Manuel*. Le pregunto: "¿Qué cosa?", y responde que nada, que no hablemos de eso.

A lo largo del tratamiento, pudo verse que el niño intentaba ocupar fallidamente el lugar hacia donde se lo convocaba. Lo que perseguía, tanto en uno como en otro de sus padres, era su posición frente al deseo. La propuesta que encontraba, era el ideal pasivo materno (ser un chico enfermizo como lo fue y es ella, sin fuerzas) o el ideal paterno, aquel que soporta el dolor, el que no tiene ni permite fallas. Lugar del Falo donde no pueden omitirse fallas, agujeros o desórdenes. Al mismo tiempo que se lo convoca a serlo, se esconde la enfermedad y los miedos.

Manuel logra una tregua, como única salida de la encerrona de no saber a que responder, con un episodio psicosomático.

Siguiente sesión

Manuel retoma el dibujo de la sesión anterior, cuenta que es un camión, poco a poco lo va agrandando, colocando una banderita en el techo y dice: "es un camión-auto de carrera". Lo abandona, diciendo que lo va a terminar después.

Le pido que dibuje a su familia, comienza dibujando a la mamá y dice: "es hincha de *River*", dibuja al papá con camiseta de *Boca*, se dibuja a él, dice que le encanta el fútbol, dibuja al hermano. Cuando escribe los nombres sobre el dibujo, pone el nombre del papá donde se había dibujado él, lo borra y dice: "total es lo mismo".

Le pregunto: "¿tu papá y vos son lo mismo?", y me responde: "soy una masa tirando autos, si el auto no hace lo que quiero, me da tanta bronca que lo hago bolsa". Inmediatamente vuelve a hablar: "tengo ganas de vomitar."

68

"¿Cuándo tenés bronca?", le cuestiono. "No voy a hablar de eso", dice *Manuel*.

En otra sesión cuenta que por la mañana le salió una nueva ampolla. Dice que por la mañana no podía caminar, ahora le pusieron un talquito y puede.

Cuenta que, las ampollas no se las muestra a nadie, porque le da vergüenza. "Yo me pongo los zapatos a la mañana y me los saco a la noche", añade el nene. Luego le respondo: "no te los sacás porque no querés que los demás sepan, que algo no anda bien". A lo que Manuel vuelve a contestarme: "callate, te dije que no voy a hablar".

Toma los autitos, y mientras jugamos cuenta que la mamá se desmayó por la noche y tuvieron que llamar a la ambulancia, porque le bajó la presión. "¿Te asustaste?", le pregunto. "No, nada que ver. El domingo mi mamá hizo caprichos, no quiere comer", comenta.

"Algo de eso te está pasando a vos", le digo. Y *Manuel* tira un auto contra el techo.

El síntoma oculta y muestra a la vez el verdadero texto, el original, manifestando, todo lo que no puede representarse a través de la palabra.

¿Qué quieren de mí? Pregunta Manuel, pregunta que lo sitúa frente al deseo del otro, más allá de cualquier malestar somático.

La tarea consistía en tratar de invertir la pregunta, para que su escucha pueda dirigirse hacia un nuevo lugar.

En otra de las sesiones, toma la cartulina, donde había comenzado su dibujo de un *camión-auto*, sesión tras sesión el dibujo fue convirtiéndose en un inmenso auto eczematoso, con profundos pliegues y estridentes colores.

Surge allí el significante fálico, dialectizando el deseo y encargándose de la cuestión del padre, inscripta de esta particular forma en el cuerpo del niño.

Una vez terminado el dibujo, se tira al suelo sobre su espalda, con los pies y las manos en alto, comienza a arrastrarse por el consultorio y dice: "Soy un auto, me maneja mi papá".

"Que difícil debe ser tratar de andar, ser manejado por otro y que las ruedas no te funcionen", le comento. Manuel se vuelve para contestarme: "a mí me pasa esto por la enfermedad, el médico dijo que esto es una locura. Me tranquilicé cuando dijo que no era grave. Todos se tranquilizaron, mi mamá se pone muy nerviosa cuando alguien se enferma, se queda en casa y está seria, y mi papá se pone como loco".

Le digo que debe ser complicado tener que preocuparse por todos.

"Ahora los pies mejoraron, mirá como puedo tirar la pelota hasta el cielo. Adentro de casa no puedo jugar así porque tiene que estar todo muy ordenado", dice *Manuel*.

Otra sesión

Trae una pelota de trapo que hizo junto con la mamá, propone jugar al fútbol, como siempre. Comenzamos a jugar, yo me resbalaba, el piso del consultorio estaba muy encerado. Decido sacarme las botas para poder jugar, mientras pensaba en la frase de *Manuel*, "yo me pongo los zapatos a la mañana y me los saco a la noche". Al sacarme las botas, *Manuel* queda absorto mirándome los pies y me dice: "tenés una curita". Efectivamente, tenía una curita en un dedo lastimado. "Si, tengo lastimado un dedo, ya va a sanar", le digo.

Jugamos el partido, a diferencia de otras sesiones donde él no soportaba mis goles, y me discutía que no valían, en esta sesión jugó tranquilo y disfrutando del juego.

Después de largos meses de tratamiento y asiduas entrevistas con los padres, paulatinamente comienzan a desaparecer las ampollas. El padre de *Manuel* me decía que yo debía ser bruja y se reía.

Con la desaparición de las ampollas, erupciona una crisis matrimonial con componentes altamente agresivos y simulacros de separación de parte de ambos. La madre relata que por momentos la paralizan ciertas voces que escucha hablando mal de ella. Consulta con un neurólogo que diagnostica una *Petit* epilepsia, diagnóstico que luego fue descartado. El padre comienza a quejarse de una mancha en la piel, que atribuye a un posible Cáncer y a un fuerte dolor en el pecho que padece luego de una entrevista y por el cual fue hospitalizado, sin justificación orgánica por parte de los médicos que lo atendieron. La madre comienza un tratamiento psicológico.

El deseo parental inconsciente debe leerse en los actos, actuaciones, cuando es difícil discernirlo a propósito de las palabras. El inconsciente del niño está informado de lo que los padres desean o rechazan. Con esta información impronta el síntoma que viene a ocupar el lugar de lo que falta.

Este niño carecía de palabras-significantes, representaciones para expresar algo acerca de su síntoma.

Manuel se tapaba las orejas ante mis intervenciones, gritando: "Basta, basta, callate".

El lugar de lo que se tiene que decir se encuentra en el síntoma, palabra engañadora, oculta de lo que nada quiere o puede saber. Se siente violentado ante las intervenciones que vive como peligrosas, tratando de alejarlas autoritariamente, como hace su papá en las entrevistas, "yo no hablo más, basta", o amenazando con no seguir viniendo.

El síntoma es la expresión misma de lo no dicho, expresión violenta creada para los interlocutores. El fenómeno psicosomático aparece como un agujero, por el cual el niño designa de manera enigmática su forma de situarse en relación el deseo.

Allí la libido no logra hacerse una representación, falla y se descarga directa y voluptuosamente sobre ese cuerpo.

En el fenómeno psicosomático, la dolencia padecida no logra tramitarse a nivel simbólico.

El significante del otro (padres) atrapa al cuerpo como un signo que es una marca del goce de los padres, no logra encadenarse en cadena significante, los significantes quedan simbiotizados. Aquí no trabajamos con el retorno de lo reprimido, no hay retorno, hay presentificación. Este agujero es difícil de convocar con palabras, porque no hay allí posibilidad de simbolizarlas. La tarea parece consistir, en trabajar bordeando el vacío de representación.

El acto del analista debe tratar de interrelacionar con el significante olofraseado del fenómeno psicosomático.

El tratamiento con *Manuel* transcurrió en sólo ocho meses. Luego de las vacaciones de verano, llama el padre para decirme que lo habían despedido del trabajo, y lamentaba no poder seguir sosteniendo el tratamiento de su hijo. Comenta que *Manuel* se encuentra bien y que no aparecieron más ampollas. Se compromete a regresar una vez solucionada su situación económica.

-7-

LA CLÍNICA VINCULAR:
EL NIÑO DIFÍCIL

Hace algunos años asistimos en la clínica a niños pequeños que acuden a consulta, por tener comportamientos violentos que ponen en peligro a los demás y complican su desarrollo psíquico, cognitivo y social. En este trabajo trataré de exponer dos líneas de comprensión: *El trabajo psicoterapéutico con el niño* y *El trabajo con la familia.*

Desarrollar un pensamiento en el niño, se fundamenta sobre la necesidad de desarrollar un espacio para pensar con la familia; de forma que este trabajo con la familia permita la diferenciación de los espacios psíquicos y la apropiación por parte de cada uno de los miembros de lo que le pertenece. La clínica con niños pequeños hace necesario la construcción de un espacio terapéutico con la familia que permita elaborar contenidos, de fantasmáticas familiares, creando así la posibilidad de miradas profundas acerca de cada miembro de la familia.

Estos niños difíciles corren el riesgo de desarrollar graves trastornos de la conducta, categoría nosográfica que actualmente engloba los comportamientos de oposición y provocación, la hétero y endo-agresividad, y las conductas antisociales.

La problemática que suponen estos niños, necesita un abordaje terapéutico que nos obliga como psicoterapeutas a llevar a cabo un trabajo especialmente exigente con el niño y su familia, pero también, un trabajo de reflexión creativa y de colaboración con las distintas partes que intervienen en la red psico-social, que nos obligan a la incomodidad de salir de nuestras habituales certezas.

Es imprescindible, que en el mismo acto terapéutico de invitación a pensar de un niño pequeño, impliquemos también a la familia, en la necesidad de desarrollar el pensamiento familiar.

En la clínica del maltrato de niños pequeños, nos encontramos con padres que llegan a la consulta con cierta distorsión de la percepción de la realidad acerca de su hijo. A menudo, los padres ven a su hijo como a un niño con más "capacidades de desarro- llo" o "desarrollado prematuramente", describiendo hechos de su comportamiento como faltas graves a la autoridad. Cuando se le pregunta que hace este niño, muchas veces no pueden describir cuales son los actos tan intimidantes para los padres. Sólo pueden nombrarlo como, "Insoportable", "Incorregible", "Indomable" o "Imparable".

Estos papás de un niño de meses, imaginarán que es capaz de comprender ciertas órdenes suyas o que posee una motricidad demasiado desarrollada.

Describen a su niño como desobediente cuando el bebé no se somete a sus órdenes. Un ejemplo típico son los papás que no quieren cambiar la decoración de la casa, dejando al alcance de sus hijos objetos que les tienen prohibido tocar, afirmando que así aprenderán a obedecer. El niño de 12-13 meses, que todavía es incapaz de integrar esta noción de forma duradera, intenta apoderarse del objeto prohibido. Este ejemplo de funcionamiento inadaptado a las capacidades del niño, puede ser la base de las distorsiones de las relaciones padres - hijos que al final terminan en una relación de fuerza inevitable y en una escalada de la violencia. Esto hace que se discuta con el niño y se le pegue porque no queda otra solución para dominarlo. Existe cierta paradoja en solicitar al niño la exploración del mundo, tentándole con la visión de objetos que no hacen más que suscitar su curiosidad y su codicia y al mismo tiempo prohibírselos. Una paradoja que nos habla del modo vincular de esta familia.

De esta manera, cierta forma de pensar, de curiosidad, que constituyen la base de los procesos de simbolización en el niño, le son vetados. A menudo, en muchas consultas con niños, descritos como difíciles, nos encontramos con frases formuladas por sus padres, como: "es un chico imposible de dominar, que no le importa que lo castiguemos, con lo único que para, es con una cachetada". Analizando al detalle ciertas secuencias aparecen estas distorsiones relacionales padres - hijos.

En la clínica de estos niños, estos signos constituyen verdaderas señales de alarma predictoras de trastornos de la conducta en el niño y en el adolescente.

Esto va construyendo en el seno de la familia un modelo psico-patológico interaccional padres - hijos que explica el origen de los trastornos de la conducta. Los padres que sufrieron ellos mismos experiencias infantiles traumatizantes corren el riesgo de no llegar a desarrollar una relación armoniosa con su propio hijo. La actitud paterna inconstante, tanto por ser demasiado invasora, como por ser demasiado insatisfactoria inestabiliza al niño y lo desestructura.

Ante esta falta de empatía por parte de sus padres, no puede sentirse comprendido y tiene el sentimiento de que las señales que envía a su entorno no son reconocidas nunca. Entonces refuerza sus exigencias, su carácter inestable y difícil, lo que refuerza aún más las dificultades de los padres en asumir su rol. En este tipo de funcionamiento, el niño desarrolla estrategias de evitación, que se caracterizan por la disminución precoz, cuantitativa y cualitativa de las interacciones padres - hijos, lo que dificulta también el desarrollo de sus capacidades de simbolización.

El niño intenta evitar a sus padres, para los cuales se vuelve insoportable y no puede hacer el aprendizaje de una relación compartida fundamentada en un intercambio empático, no distorsionado, que le permitiría construirse, sentirse comprendido por los demás, comprender a los demás y desarrollar las capacidades de autocontrol necesarias para la vida.

Estos niños, en este estado de emergencia y alarma, no logran la regulación de sus funciones más básicas (control de esfínteres), como de sus relaciones sociales (los niños que pegan y muerden en el jardín de infantes).

Sabemos que cuando un niño nace, los padres se ven confrontados a las buenas y malas imágenes parentales de su propia historia infantil. En estas familias se observa un intenso fenómeno de proyecciones patológicas sobre este hijo, de lo que en su pasado, resultó conflictivo con sus padres.

Nuestro Trabajo

En la clínica de los niños pequeños, la necesidad de abrir un espacio para pensar y para jugar, poniendo en escena y favoreciendo las representaciones y la simbolización, es primordial. Para esto, la capacidad del psicoterapeuta a soportar vivencias muy arcaicas del niño y de la familia, tales como el miedo, la soledad, el abandono, es esencial.

La capacidad del psicoterapeuta de pensar con el niño delante de sus padres, es introyectada progresivamente por ambos y permite desarrollar una empatía mutua que tan cruelmente les había faltado en las interacciones precoces padres-hijos. El aspecto conti-

76

nente del marco creado por pequeños detalles, la preocupación maternal primaria del terapeuta con el niño y con los padres más la fiabilidad del dispositivo terapéutico, ofrece a la familia lo que precisamente le ha faltado a cada uno de ellos en su infancia. Los aspectos normativos que el marco impone, aportan una dimensión estructurante esencial.

La capacidad del terapeuta para poner límites, poco a poco es introyectada por los padres sin ser considerada como potencialmente violenta y destructiva o sinónimo de falta de amor. La familia puede vivirse de distinta forma, sin sobrepasar los límites propios, los del otro y sin necesidad de sacrificio del Yo. El juego inconsciente de las identificaciones con los aspectos parentales del terapeuta, permite que se constituyan imágenes parentales menos escindidas. El juego identificatorio del terapeuta con relación al niño y a los padres, se cruza con el juego identificatorio de los padres y del niño. El acceso a la ambivalencia de los padres, a través del trabajo de transferencia sobre el psicoterapeuta, respecto a sus propios objetos parentales, es esencial con estas familias.

El dispositivo familiar, concebido como un dispositivo grupal particular, aporta un marco continente que permite un trabajo más indirecto de los contenidos, de lo que permitiría un abordaje individual. El juego de las interacciones, el espacio grupal, la observación directa de los procesos proyectivos e identificatorios, la transferencia familiar y el juego de las transferencias individuales, solicitan más intensamente la urgencia de los mecanismos primarios. Este dispositivo permite, a través de lo que el niño aporta, solicitar más fácilmente las asociaciones de los sujetos a los que les resulta difícil pensar y que en un tratamiento individual no tendrían "nada que decir". En estas situaciones familiares, hace falta tiempo para llegar a abordar la historia de las relaciones precoces con el niño, tarea ardua y difícil, pero como es aún más difícil acceder a la historia infantil de los padres.

En conclusión, podemos decir que la clínica de los "Niños Difíciles", nos obliga a confrontarnos a la violencia del otro y a nuestras propias violencias. Estos movimientos emocionales, por los que a menudo nos vemos sorprendidos, lideran nuestro pensamiento cuando tanto lo necesitamos ante estos niños y familias que no han tenido la oportunidad de pensar ni de jugar. Es nuestra labor ofrecer ese espacio.

La Clínica II

Reflexiones a propósito de la clínica

-1-

ADOPCIÓN
Temores y Dudas

Cristina M. Blanco

Reflexionar acerca de la adopción, significa acercarse a la noción de filiación, un analizador siempre privilegiado para abordar cualquier temática con relación a la niñez; pensando la adopción tanto con relación a las carencias, como a los dolores, de ambas partes.

Adopción es elegir, desear, quién, a quién, cómo. Adoptar significa optar.

Recibir a un niño en una familia no es tarea fácil, sea cual fuere la modalidad de llegada a ésta, (fertilización asistida, adopción, procreación natural); para ello, sería adecuado, que la pareja de padres hubiera podido realizar un trabajo, una elaboración, para poder AHIJAR al niño por llegar.

Podemos preguntarnos también, para poder contextualizar estas nociones, por la idea de familia. Derrida nos aporta un concepto, aquellos vínculos que se construyen alrededor de un nacimiento, de la llegada de un niño. Si bien esto nos brinda una aproximación, se debe tener en cuenta que es la familia quien portará (o al menos, se espera que suceda en situaciones saludables) funciones familiares, funciones que constituyen la subjetividad del niño, y la estructurarán, funciones de sostén, de familiarizar lo extraño, de contención, de diferenciación.

Si bien, está claro que los padres adoptantes, son PADRES, y que el hijo adoptivo, es hijo, y que el vínculo se construye entre ellos, justamente, es un vínculo a construir, como en cualquier otro caso, en el día a día. Pero al mismo tiempo, también es cierto, y no se puede negar, ni desatender, que presenta características que le son propias, específicas, y que requieren ser consideradas de un modo particular.

En general, los padres adoptantes tienen dudas, miedos, temores y preocupaciones, con relación a este niño y a la relación que se genera entre ellos, que tiñe de un modo especial el vínculo.

La adopción es un proceso, que comienza a "gestarse" cuando se decide adoptar un niño, recibir a esa persona en el seno de esa familia, es entonces cuando un "no poder" se transforma, se inscribe en un "si querer".

Se funda siempre sobre un abandono, (del modo que este fuese), sea objetivo o subjetivo, es dejar librado al destino, al azar la vida de un niño.

Asimismo, sabemos que un hijo, es precedido siempre por un lugar que le es otorgado dentro de esa familia, por un deseo, que se inscribe en una red de deseos que le otorgan ese lugar, y un nombre, que lo constituye, y conforma su identidad, sea cual fuere el modo de advenir a esa familia.

Algunos de estos temores, están en íntima relación con la historia particular de cada familia de origen de los padres adoptantes, o relacionadas con lo específico de la historia de cada pareja, pero también existen varios que les suceden a muchos de estos padres, que resultan más generales, y que piensan que esto "sólo" les ocurre a ellos.

De allí la importancia de considerar una consulta psicoterapéutica, para poder evaluar cuales de estas situaciones son las que se presentan, sino el entrelazamiento de varias, y poder así, encontrar la manera adecuada de resolverlas.

Lo que observa, es que los temores más frecuentes que presentan los padres, giran en torno a:

- La diferencia física con ellos, y como esto va a incidir en el niño (y en ellos), en el transcurso del tiempo.

- Lo genético, y al temor que les genera esto en relación, tanto a la posibilidad de enfermedades, como a su destino futuro (esto se observa a veces en la fantasía de la prostituta o del alcohólico).

- ¿Deben saber la verdad? En realidad siempre la saben, ya que el niño percibe lo que sucede a su alrededor, lo diga o no, sea verbalizado o no, esto se transmite por diferentes vías, además de la discursiva; tiene muchas maneras de expresarse. A veces no animarse a contarles la verdad con relación a la adopción, por parte de los padres, en realidad oculta el temor a que el niño privilegie los lazos de sangre.

Otras, la pregunta es cómo y qué explicarles; esto contiene en realidad el temor a que si quiere saber de su origen, esto genere o posibilite un acercamiento con su familia biológica, lo que abre la duda, y la incertidumbre (difícil de tramitar) acerca de la posibilidad que los "prefiera", hasta que vengan a "llevárselo".

Si bien la pregunta por el origen, le es común a todos los niños, al decir de Freud ¿cómo llegan los niños? Al decir de Piera Aulagnier ¿cómo llegué yo a esta familia?, ¿desde que deseo? Esto cobra una dimensión particular en la situación de adopción.

A partir de esto, se debe considerar también que es fundamental poder superar eso que presenta un sesgo de lo siniestro (tomado de Freud, aquello conocido que se torna extraño) transformando al hijo en familiar, conocido, pudiendo metabolizar lo heterogéneo.

Los temores varían, además, según la edad del niño, tanto en el momento de la adopción, como más adelante.

Todos estos miedos, y más, pueden surgir, también pueden ir apareciendo otros en el transcurso del tiempo. Lo fundamental es poder llegar a darse cuenta de la importancia que puede tener acceder a un espacio para trabajarlos, que permita así construir una relación saludable entre los padres y el niño, que a su vez también posibilite una buena inserción de éste, en el ámbito tanto socio-afectivo, como educativo, espacios en donde se traducen todas las dificultades, vivencias y fantasías que no han tenido un espacio para ser desplegadas, abordadas y trabajadas.

Un lugar donde no sólo las preguntas pueden ser elaboradas, con la guía de un terapeuta, sino también encontrar el mejor modo de abordaje, y resolución adecuada en cada caso.

Poder construir en este espacio, y en ese trabajo en conjunto, lo que a ese niño le resulta más saludable, inmerso en esa familia.

Brindar dentro de un contexto terapéutico la posibilidad de trabajar, tanto los temores de los padres, como las fantasías (expresadas de diferentes maneras, verbal, lúdica, etc.) del niño; para arribar de algún modo a lo que se podría pensar como adopción "saludable", pensándola como aquella donde ambas partes se aceptan permitiéndose construir un vínculo saludable, a partir de la posibilidad de estar juntos, sin centrar éste, en la falta de un lazo "biológico", sino básica y esencialmente en la capacidad de afecto de cada uno de ellos.

-2-

ADOLESCENTES EN LA TRINCHERA

Griselda Tignino - Analia Goldin

"Al desaparecer un mundo plagado de certezas y estar inmerso en un mundo de incertidumbre, en medio de su búsqueda de identidad, el adolescente construye su Yo de un modo frágil. Y, paralelamente, esta situación lo lleva a aferrarse a todo aquello que lo aleja de la incertidumbre".[1]

Cuando hablamos de adolescencia nos referimos a un período de la vida lleno de cambios, rupturas, confrontaciones y resignificaciones.

Los adolescentes nos convocan a una ardua tarea. Exigen de nosotros modelos para imitar o aborrecer, aceptar o confrontar. Van construyendo su identidad a la luz de nuestros pasos, incluyéndonos y excluyéndonos, casi a modo de *delivery*. A la carta.

Reeditan su pasado, atragantándose con su presente, para armar un futuro.

Tanto los adultos como los adolescentes, vivimos este período inmersos en una sociedad que comanda pautas culturales, man-

---

1. Hugo Lerner. *Adolescencia: trayectorias turbulentas.* Cap. 1. Adolescencia, trauma, identidad. Ed. Paidós. 2006. Pág. 40. BS.As.

datos sociales y valores a seguir. Y atravesados por ésta, el adolescente construye su subjetividad.

Durante mucho tiempo se explicó la etimología del término adolescencia derivado del verbo adolecer, que conlleva al sufrimiento. Sin embargo el significado inicial de la palabra proviene del latín *adolescens*, hombre joven, participio activo de adolecere, crecer. (Luis Kanciper 2007).

En este período de crecimiento, el adolescente atraviesa un gran trabajo psíquico.

Para Freud (1905) frente al camino a la exogamia, en la adolescencia transcurren transformaciones de dos tipos:

1. La subordinación de todas las excitaciones sexuales bajo la primacía de lo genital.

2. El proceso de hallazgo de objeto, con mandato genital y más allá de las figuras parentales.

Es en este período, que el joven se encuentra en la lucha de la demanda de sus impulsos y de aquellas demandas que surgen de lo social.

Siempre el adolescente confrontó para crecer. Ésta es una variable fija de crecimiento.

Ya Sócrates dijo una vez:

> "Los jóvenes hoy en día son unos tiranos. Contradicen a sus padres, devoran su comida, y les faltan el respeto a sus maestros".

La posmodernidad, y con ella la aparición de las nuevas tecnologías, nos plantean un desafío.

La separación entre el mundo adulto y el mundo adolescente no es sólo simbólica. Se nos presenta desde lo concreto: Nuestros adolescentes nacieron en un mundo cibernético al que nosotros tenemos que adaptarnos. Lo que para ellos es parte de su vida, para nosotros son adquisiciones que en el mejor de los casos irrumpen y nos plantean un gran desafío.

Nuestros jóvenes miran al mundo desde una mirada tecnológica. Y ésta es inherente a la cultura de la sociedad actual.

Los medios de comunicación por excelencia, reemplazan al diálogo que se confronta cara a cara con la realidad. No hace falta expresar y comprometerse con los sentimientos ya que los *"emoticones"* lo hacen por ellos. También es el medio por el cual muchos padres obtienen la seguridad de que sus hijos están en sus casas casi todo el día, "acompañados" y exentos de los peligros de la calle.

Entonces… nadie queda por fuera del consumo tecnológico, éste brinda seguridad, control, compañía, comunicación, de manera simultánea, ilimitada, rápida y concreta.

La pregunta que nos hacemos es, ¿qué lugar ocupa dicha tecnología en la formación de los adolescentes?

Ante las crisis interiores, propias de esta etapa (el duelo por la muerte del niño que se fue, desasimiento de las figuras parentales, irrupción de lo genital) y las presiones del medio, el adolescente empieza una búsqueda de su propia identidad, de su *"proyecto identificatorio"* (P. Aulagnier) *"una imagen de lo que se quisiera ser, valorada por sí mismo y por el entorno"*.

Repetimos: el adolescente necesita de un adulto presente frente a él para realizar sus duelos. Pero "un adulto *puching ball"* (A. Goldin, 2008). Que tuerza pero que no caiga. Que alimente la fantasía de poder, pero que no lo otorgue por completo. Los adultos están para ayudar al joven a entrar en la responsabilidad, son con quienes tendrá que confrontar como parte de la construcción de su identidad.

Y aparece aquí un gran problema de la postmodernidad: hoy los límites que diferencian a una generación de otra no son claros, están difusos, mezclados. Hoy tenemos padres de adolescentes que aún viven en una *"adolentización"*, o adolescencia tardía; encontramos poca diferencia entre ellos, se mezclan, se imitan, y éstos no permiten la asimetría que se necesita para propiciar el crecimiento.

Si a esto le sumamos que nuestra sociedad no brinda los medios para ayudar a los jóvenes a entrar en el mundo adulto, tampoco ofrece recursos para que los chicos racionen su interés en otro tipo de objetos y actividades, entonces ¿cuál es la opción para ellos?

Los valores sociales se derrumban continuamente, los valores de los propios padres se hunden ante la falta de medios o ante opciones poco felices que ofrece la sociedad. Entonces ¿con qué andamiaje crecen nuestros adolescentes hoy? ¿Con qué se encuentran ante la búsqueda de sentido? Seguramente allí los espera un vacío.

En un mundo carente de certezas, los jóvenes buscan refugio en las nuevas tecnologías. Conectados a sus auriculares, se tapan los oídos ante la ausencia de una palabra que los sostenga. Viven sus vidas *"a lo zapping"*, pasando de escena en escena sin elaboración ni frustración ante la pérdida.

Se instalan frente a la computadora que les permite el acceso al otro, mediado por una pantalla.

En la búsqueda de referentes:

> "El adolescente puede crear una trinchera identitaria, un búnker en el que se siente a salvo, un refugio que lo protege de los fuertes temporales de la adolescencia (lo pulsional, lo social, el vacío, etc.) y a veces defiende obsesivamente ese refugio para sentirse

seguro. Cuanto más fuerte sean los vientos, más energía pondrá para construir esa trinchera"[2].

Es así como el adolescente se atrinchera en busca de cierta calma y seguridad.

Hasta hace unas décadas, los adultos presenciaban este aislamiento, pero su figura diferenciada les permitía a los adolescentes alejarse y retornar.

Hoy en día el proceso de "separación-individuación" (Onetto, 2004) propio de esta etapa, se les dificulta ya que los adultos se mantienen demasiado cerca. Son adultos-adolescentizados, que no les permiten la confrontación.

En la postmodernidad cambiaron los paradigmas, las terminologías y los conceptos. A pesar de que las relaciones humanas siguen siendo de co-presencia, deberíamos definir como se significan. Deberíamos volver a pensar conceptos como presencia-ausencia, cercanía-lejanía, proximidad-distancia, solidez-imaginación. (Bauman, 2003).

La proximidad virtual que nos facilita la tecnología (constante, inmediata) lejos está de garantizarnos por sí sola acercarnos. Alimenta la fantasía de acceder al ser y al tener de manera casi ilusoria: "soy lo que quiero ser, cuando quiero y tengo todo lo que se me presenta ante mis ojos".

Y ante esta posibilidad muchos chicos no soportan la angustia que les impone la realidad y prefieren encerrarse en ese mundo imaginario, en ese mundo "del como sí", que la *Web* les ofrece.

Los chicos que pasan entre tres y seis horas diarias acompañados de su computadora (70% Investigación llevada a cabo por

---

2.   Hugo Lerner. Adolescencia: trayectorias turbulentas. Cap. 1. Adolescencia, trauma, identidad. Ed. Paidos 2006 Pag. 40.

ARALMA. 2008), tienen allí casi todo su mundo: se comunican, se miran, se emocionan, etc., además se puede agregar el tiempo de producción personal necesario para luego exponerse y mostrarse en la red. Parece razonable ante estos datos, manejar la hipótesis sobre la incidencia que tiene la falta de control y regulación adulta en la vida de los jóvenes, paralelamente con la falta de compañía y la consecuente soledad, es posible que esto genere un vacío y posible sentimiento de depresión.

En un mundo donde los valores estéticos exigen un ideal desmedido, los valores económicos comandan muchas veces las decisiones, y el valor del saber está mediado por lo útil o lo inútil, es momento para que nos preguntemos, cuál es nuestra responsabilidad como adultos ante este emergente y qué otras opciones les damos a los jóvenes para que desplieguen su potencial.

<h1 style="text-align:center">-3-</h1>

ATRINCHERADOS

Cristina M. Blanco

Los padres de A. una adolescente con 14 años, llegan a la consulta, sin saber que hacer con esa adolescencia que los inunda a todos… ni con esa adolescente, que crece y crece, y que al ritmo de sus cambios, de ropas, de amigos, de imagen, de respuestas, de pensamientos, de humor… los ubica a ellos en otro lugar, difícil de transitar, de hallarse ahí, dado que los implica en un cambio de posición, que se hace incomodo aceptar.

Es allí donde esa subjetividad se construye, en el contexto de lo intersubjetivo, uno siempre es en el vínculo con el otro, si bien se constituye por el entramado de varias instancias, intrapsíquica, intersubjetiva y transgeneracional, pero con un marcado acento en lo intersubjetivo, ya que es el territorio donde se producirán los procesos para que el Yo pueda advenir o fracase en su constitución.

Es en este trabajo de subjetivación, y por ende de historización, que el sujeto se situará con relación a la diferencia generacional, que lo enfrentará a un movimiento identificatorio, a preguntar por su origen.

Y como parte de ese trabajo, adquieren una importancia vital los modos particulares de transmisión familiar. Todo esto constituye el andamiaje sobre el que se asienta la subjetividad, que permitirá la construcción del proceso adolescente, que se caracteriza por procesos específicos y diferenciales, y trabajos psíquicos que implican al cuerpo, la familia, la realidad... crece la capacidad de pensar, se transforma y complejiza el universo emocional, el encuentro sexual se orienta hacia la genitalidad, cobrando así nuevos sentidos y formas de vincularse, al mismo tiempo que se potencia la capacidad creadora.

Momento en el que cobra fundamental importancia la incidencia de los otros significativos, que cumplen funciones familiares, que son soporte para el desarrollo de la propia subjetividad.

Dentro de estos trabajos psíquicos encontramos el de filiación, que se liga a la tarea del Yo de historizar, en tanto queda filiado a un grupo, que a la vez es precedido por otro. La filiación es entonces una red, o una trama simbólica que ofrece a cada ser humano, un sistema de relaciones con los padres, y al menos de tres generaciones, entonces, no hay filiación sin transmisión. Y que en la adolescencia permite la operación de construcción del pasado, es aquí donde se adquiere una plenitud y un ritmo vertiginoso y transformador.

Pero esta transformación no sólo atañe al adolescente (aunque no es sin él) sino a los padres, por un lado, en este caso, a estos padres, que se le ve dificultada la posibilidad de ver la transformación de esa hija (y a su vez, los efectos que esto genera), que no la reconocen, la ven como una extraña.

Re-conocer, volver a conocer, a alguien que es el mismo, y a la vez distinto. Y por otro lado, las dificultades propias de estos padres, aquellos que Gutton señala como la "obsolencia" de los padres, aquella dificultad en éstos, para aceptar los procesos puberales de los hijos, que son propios, de los padres, pero que al mismo tiempo, obstaculizan los procesos psíquicos que tienen que transitar los adolescentes.

A. construye entonces su "trinchera", sus espacios, su privacidad, que apuntala y sostiene su proceso adolescente.

A. arma su "trinchera" sostenida también por su grupo, por su banda, por sus pares, aquellos que a la vez construyen sus propias trincheras, y quizás es allí donde se encuentran, compartiendo sus trincheras, construyendo sus propios espacios, diferenciándose para eso de ese mundo adulto, que los sostenía hasta ahora, y que debe sostenerlos también en este momento, pero desde otro lugar. Ahora, pudiendo sostener, al decir winnicottiano, la confrontación generacional, estando allí para que el adolescente tenga con quien confrontar y no fracase este proceso constitutivo.

En la adolescencia se tiene que constituir la capacidad de estar a solas… con otro, por lo tanto se requiere su presencia, confrontarse con otro (además de implicar la presencia de ese otro con quien confrontar) es muy distinto al aislamiento, que se encuentra más del lado de un fracaso en la simbolización con una retirada subjetiva.

Al mismo tiempo, cabe preguntarse, ¿cómo pensar la privacidad de A., de su grupo de amigos, en una actualidad donde lo público y lo privado se desdibuja, pasa a tener un límite tan difuso?, pero al mismo tiempo, es en esta actualidad donde estos adolescentes construyen su subjetividad, inmersos en un mundo tecnológico que es su realidad, y que también los constituye, que no es un refugio (lo que constituiría una mirada adultomorfista desde aquellos que no construyeron su subjetividad con ella), sino un elemento más de su realidad que los constituye y los origina.

Pensamos entonces, como esta actualidad los entrama con su historia, y con su futuro, como los enlaza con lo que son capaces de producir en esas trincheras, y con lo que les brinda una posibilidad más de ser.

…A. transita su adolescencia, momento de crisis, y la crisis constituye siempre una oportunidad… es un momento de saludable caos y puesta en desorden, aquel que les permitirá construir una nueva forma de organización de las cosas, aquellas que tendrán su propio sentido, él que el adolescente pudo ir construyendo en este proceso.

…A. es una adolescente saludable… cuestiona, desordena, pone en crisis el orden familiar. Hay otros adolescentes que no logran hacerlo, y otros, que se esfuerzan por vencer obstáculos para que ello suceda.

Así, las trincheras, aquellas que pueden facilitar procesos, generan también una situación paradojal, ya que pueden constituirse en un recurso, o una trampa (al modo de Dolto).

Y será en el caso por caso, en la singularidad de cada subjetividad que se puede evaluar eso.

… "Ese noviecito que tiene"… "no sabemos en que anda"… A. ubica a esos padres en otra situación generacional. El potencial acceso a la genitalidad, y la posibilidad de procreación, genera en estos padres, efectos, dado que esto constituye un corrimiento generacional, que los ubica en otro lugar de esta cadena; y los acerca a una imagen de sí, que requiere también de estos padres, un proceso de apropiación de este lugar, y serán estos padres, los que sería de esperar, que puedan elaborar de un modo saludable esta nueva actualidad que transitan.

La adolescencia conmociona, interroga, conmueve, transforma, afecta, sacude, interpela, cuestiona… y más… a cada uno de los que en una situación familiar se ven inmersos en ella; a cada uno de ellos, y a los vínculos entre ellos, al adolescente, al grupo familiar, al mismo tiempo que este grupo está inmerso en un grupo más grande, la sociedad, que es a su vez quien produce estos adolescentes, en tanto, estos influyen y transforman la sociedad que los produce… se construyen, en tanto la construyen… así como la construye y la integra, también el grupo familiar. Y en esta actualidad donde las posiciones familiares se van construyendo, es saludable promover y descubrir una convivencia posible, entramada en los afectos.

Y es en esta actualidad, es transitando los trabajos psíquicos adolescentes, que éstos construyen sus trincheras, y será desde ese punto de partida que podrán generar un movimiento exploratorio, que les permita ganar experiencia en distintos espacios o construir otros.

A., una adolescente de 14 años, fue construyendo su trinchera… la compartió con su banda… con otras trincheras… la acompañó a transitar su proceso adolescente a ella, a sus amigos… a los adolescentes…

-4-

Construirse Su Propio Lugar

Cristina Blanco

Llegan los padres de Lucas, para traerlo a tratamiento, porque dicen que "le tiene miedo a todo" y que "le cuestan los cambios"; "que está todo el tiempo rozándose con los hermanos".

Este es el modo de presentación de estos padres, de la mirada que tienen de Lucas, su hijo mayor, de 12 años.

Comenzamos a trabajar, y durante el transcurso del tratamiento, se puede ver la dificultad de Lucas con relación al lugar, sea de construirlo, hacérselo o tenerlo; lugares... psíquicos... espacios...

Si bien, esto se puede pensar desde distintos lugares, vamos a trabajar solamente algunos.

En un principio, podemos reflexionar acerca, de cómo incide la forma de llegada de Lucas, a este grupo familiar en la construcción de su lugar en la misma, no sólo, en tanto pasaje de pareja a familia, e inaugurarla como tal; como "causante" de ésta (tal como es definido por los padres).

Y por otro lado, y ligado a esto, cómo repercute en este niño, el hecho de no tener un lugar permanente de residencia fija, donde echar raíces, donde hallar su lugar, teniendo en cuenta que cambian de ciudad con frecuencia, dado el trabajo del padre.

Esto nos lleva a considerar algunas cuestiones.

Por un lado, pensar como fue la llegada de Lucas al tratamiento, ámbito en el que en el transcurso del mismo, encuentra un espacio propio.

Llega por no poder hacerse un lugar en la familia, por haber llegado a ésta teniendo el lugar del causante; habiendo sido construido por quienes iban a ser sus padres, por esa pareja parental, con connotación negativa, ya que dicen que "no lo esperaban, que no pensaban tener un hijo".

Cada hijo, encuentra a su llegada a la familia, aquella red que conforman los deseos, emociones, ideas, y sensaciones, conque tanto quienes cumplen las funciones parentales, como los que conforman su sostén, ese grupo más ampliado que constituye un entramado que envuelve y acuna... qué sucede cuando ese entramado presenta fisuras... zonas débiles, que no son lo suficientemente sólidas para recibir a ese niño...

Por lo tanto, ¿cómo impacta en Lucas ser el "causante" de la formación de una familia?, ¿qué efectos produce en este niño, que su llegada sea perturbadora para la pareja, en tanto no por el echo de no ser esperada, sino por la dificultad en poder elaborar, metabolizar, simbolizar esto?

En el padre, se ve una connotación negativa por ser el "causante"... situación que despliega de diferentes maneras durante el tratamiento. En cuanto a la madre, plantea en el transcurso del mismo, que le cuestan los cambios, (¿cómo a Lucas?), "según Oscar, cuando no puedo controlar las cosas, me altero"; la llegada de Lucas ¿la pudo controlar?, ¿qué se jugó a nivel inconsciente para que adviniera este embarazo?, ¿cómo pudo esta mujer hacer frente a este cambio que la introducía en la maternidad?

Desde aquí, pensemos, ¿qué es causar? Es el origen o fundamento de algo.

¿De qué en este caso? ¿En qué sentido piensa el padre a Lucas como causante?

¿Qué causó Lucas? ¿Qué estén ahí? ¿Qué estén ahí como familia? ¿Cómo qué familia? ¿Qué sigan juntos?

Situaciones todas, interrogantes que se comienzan a desplegar, dejando ver entonces, un entramado de situaciones y circunstancias subjetivas, y por lo tanto, también familiares, que evidencian el porque de lo difícil que es para Lucas poder hallar allí un lugar.

Oscar y Andrea eran una pareja, a la que "vino" Lucas, y con él se comienza a construir una familia. Esta llegada perturba el funcionamiento de la pareja, de esta pareja, en tanto irrumpe, y Lucas llega al lugar que se le asigna, desde estos padres, con una connotación negativa en ese momento.

A partir de allí, que efectos provoca en el psiquismo de este niño llegar, a donde el lugar que hay para él es un lugar que hace daño, que se encuentra más del lado del goce que del placer.

Es así como se escucha a Andrea preguntarse "cómo llegó hasta acá Lucas, yo no sé como llegó hasta acá"… "¿cómo llegamos aquí?"… ¿los *trajo* Lucas?

Momento particular... llegan a la consulta, cuando Lucas transita procesos puberales adolescentes, que comienzan a teñir toda la constelación familiar, ya que no son sólo transitados por "el adolescente"… "la adolescencia" es algo más amplio, que afecta la dinámica de toda la situación familiar… tal como fue la llegada de Lucas...

Es entonces Lucas, quien motoriza movimientos en esta familia que presenta miradas tan estáticas y rígidas frente a cada situación en particular.

Procesos que comienza a transitar Lucas... en los que también, construye su propio lugar, no sólo aquel que esta familia tenía para él, constituido en el circuito de deseo de sus padres... pero no sin ello, anudado a esta genealogía, sino en este lugar que empieza a constituir para sí, en esta mirada que tiene sobre sí mismo, sobre sus amigos, y sobre su familia.

Adolescente que también construye ese lugar desde la palabra... desde la posibilidad de responder, contestar, interrogar... Despliega así su subjetividad, construida y transformada desde este entramado afectivo... Y así, si todo fluye de modo adecuado, el adolescente tomará la palabra, su palabra, y le pondrá entonces, su propio sentido... transcurriendo entre la repetición de la palabra de los padres y la tentativa de la palabra conquistada por sí mismo... hasta lograr ese lugar de palabra propia....

Así, Lucas pudo empezar a poner en sus propias palabras sus sensaciones, a plantear sus interrogantes y certezas... sus dudas y temores... sus sueños y proyectos... y... comienza entonces a construir su propio lugar... en y desde esa familia, su familia... hacia su lugar, su propio lugar... a través de su palabra...

<h1 style="text-align:center">-5-</h1>

LOS SECRETOS Y LA VERDAD

Cristina Blanco

"No sé porque estoy aquí", "los otros tratamientos no pudieron con nosotros"… Palabras primeras, que surgen en estas primeras entrevistas; aquello dicho en un principio, que será a desplegar, a transitar, pero que al mismo tiempo marcará un camino, un sentido a pensar, a trabajar, a tener en cuenta.

Realmente no sabe porque está ahí, desde que lugar dice esto; este papá en verdad no sabe dónde está. ¿Cuál es su lugar? ¿Dónde está cuando no está? y dónde se supone que está, y en realidad no está (esto que sucede en la casa); como no estar, sin perder su lugar, lugar de padre.

"¿Quién es?" "¿A quién va a atender?" Una mamá que en su pregunta plantea un interrogante mayor, ¿quién?, ¿quién soy?, ¿me va atender a mí?, ¿a nosotros?, sólo a nosotros…

Padres que llegan a la consulta derivados de un espacio de mediación… y acceden sin estar convencidos… y en especial, sin querer que Martín sepa la situación en la que se encuentran.

"No sé que hay detrás de Martín", que devela, que muestra, pero al mismo tiempo oculta Martín; los secretos familiares, se transmiten, aún no sabiendo el contenido, se transmite que existe algo sobre lo que no se habla. Se transmite lo no dicho; y se constituye entonces, el secreto como síntoma, parental.

Parte de lo conflictivo que presentan los secretos, es acerca de la prohibición de saber; en este caso (como en muchos otros) el chico encuentra una barrera en el contenido. Se coartan el deseo de saber, no se puede investigar. Las características de los secretos tienen que ver, justamente, conque generalmente recae sobre algo en relación a los orígenes del chico o del grupo; y por otro lado, al mismo tiempo que se oculta, se muestra algo del secreto, no del contenido, pero lo importante son las señales que deja.

Martín tiene cinco años; a los cuatro comienza el jardín, pero hasta ese entonces usa chupete y mamadera.

Un dato importante, aquello que hace síntoma en Martín, es que si bien los padres se separaron, el papá "ante los ojos de Martín" no se va de la casa, hacen "un como sí", "como sí" "viviera allí (se va cuando Martín se duerme), "como sí" fueran una pareja, "como sí" fueran una familia, "como sí"...

"Para que vamos a hacer notar la ausencia si él no lo nota", dice el padre en una sesión; al tiempo que agrega: "Se pone nervioso por cuestiones nuestras", "aletea con las manitos", aleteo que no realiza en el jardín y con el transcurrir de las consultas se acentúan en la casa.

Por un lado, la mamá de Martín presenta en diferentes momentos, serios temores a la enfermedad, significante privilegiado en ella; lo que se acentúa a partir de algunas situaciones. La primera surge a partir de un episodio de convulsiones febriles que presenta Martín al año de vida, momento en el que ella se encuentra sola, ya que el padre había viajado y se siente desbordada, que no puede manejarlo. A partir de allí aparecen una serie de temores en relación a Martín, y al ingresar al jardín presenta diferentes enfermedades. Al mismo tiempo se enferma la madre de ella (abuela materna de Martín); que ya presentaba una serie de situaciones de enfermedades previas: un problema del corazón, artrosis, y hace cinco años (coincidentemente con el nacimiento de Martín), se le detecta Parkinson, que según el relato de la hija el problema es que "le afecta a la cabeza", "a veces está bien y otras no conoce", "no soporto que no me reconozca por teléfono".

Ante situaciones de fiebre actuales del niño, le solicita al padre que se quede para que la sostenga; a lo que en algunas oportunidades él accede, en este último episodio, no, lo que provoca una situación de descompensación y desborde, el la que la madre recurre a la terapeuta.

También se produce un hecho nada menor para los efectos en el psiquismo del niño, ya que en un momento el chico pregunta por el papá que acaba de irse (por la puerta de calle, y a quien vio realizar este acto) y la madre le responde "¿Cómo no viste que se fue por aquí?" (señalando la puerta de la habitación) no por la de la calle, "está en la habitación"; con lo cual se ve anulada, arrasada, la percepción del chico; lo que puede llegar a instaurar esta madre en el hijo es del orden de la desmentida, con los efectos en el psiquismo infantil en la línea de la disociación.

Del relato del padre se desprende una tendencia a desaparecer, de diferentes maneras. Por un lado, quiere poder estar a solas con Martín, pero, para que la madre no los ubique y no invada esta privacidad, él se va con Martín, y ella no tiene donde ubicarlos, ya que le da un número de celular "paralelo", que tiene apagado para que no los ubique.

En otros momentos, relata que "cuando estoy que no aguanto más, siento que voy a tener un infarto, y hasta deseo que sea así, así termina todo", y por momentos piensa si no sería mejor desaparecer y no ver más a su hijo "por su bien".

Ante una pelea producida durante un paseo en la costa, ("unas vacaciones en que hicieron como sí"), el padre se va, dejando solos a la madre con el hijo, sin decir a donde se va; por lo que entra en la línea de esas zonas donde él desaparece.

Durante la época que estaban juntos, los sábados por la tarde, él se iba al sauna, momento en que la madre y el hijo, iban a la casa de los abuelos maternos.

Este padre que está y no está, que él mismo dice: "Yo me fui para no volver, y cada vez que entro me tengo que ir".

Así, como fue dicho al comienzo del trabajo, ¿dónde está este papá cuando no está?, y al mismo tiempo, cuando parece que está, no está; cuál es este lugar desconocido del padre; esta zona desconocida para la madre, que genera tanto temor. ¿Cuál es esa zona desconocida de la madre, para el padre? ¿Qué zona ronda permanentemente la enfermedad de la madre?

Como esto se ve traducido en el temor que el chico caiga en una zona desconocida, disociada del otro, es un punto en común y a la vez desconocido de ambos. Esta zona desconocida, como todo lo desconocido, moviliza, genera dudas y miedos.

Avanzado el tratamiento, es posible que estos padres, no sólo puedan desplegar una serie de preguntas "¿Por qué decir la verdad?", se preguntan, "Martín se tranquilizaría", dice el padre; ¿Martín se tranquilizaría? ¿Y ellos? Sino, que estas preguntas, comienzan a permitir una apertura, que genera la posibilidad de transformar esta situación… de comenzar a hablar…

Preguntas abiertas, que van surgiendo, y que se despliegan en la consulta, que tal vez, sólo el devenir de un tratamiento tratará de ir respondiendo…

-6-

¿PUEDE UN ADN CONSTITUIRSE EN PADRE?

Cristina Blanco

Una consulta, que como todas, irá despertando múltiples inquietudes... interrogantes... en este caso giran en torno a una temática: la filiación, proceso subjetivo y subjetivante, que anuda a un grupo familiar que nos precede.

Uno allí, pensando, a partir de cada uno de los elementos que van apareciendo, y así surgen ideas, inquietudes, contradicciones... todo lo que transitar la elaboración de un caso puede generar.

Adolescencia... momento siempre lleno de interrogantes, de deconstrucción, de construcciones, de transformaciones, tanto para el adolescente como para sus padres, y su entorno; situaciones que presentan vaivenes según los momentos a transitar, y el adolescente tendría que poder realizar distintos procesos psíquicos, que lo irán constituyendo, conformando su subjetividad.

Una adolescente… llega con su madre y…entonces… el relato… a los doce años, se entera de un modo sumamente complejo, que su padre no es su genitor…

Esto nos lleva a pensar entonces, de modo particular, qué sucede cuando transitando esa etapa, de pronto a una adolescente... le dicen "este no es tu padre"...

Secreto sobre el origen, guardado por la madre, durante años y años, ¿qué efectos arrasadores puede generar en un psiquismo que transita en sí mismo tantos avatares?

Más compleja aún se transforma la situación, al imposibilitarse el contacto con quien porta la función paterna, y se le impone convivir con su genitor... categorías conceptuales éstas, que no siempre coinciden en quien las porta...

¿Cómo es posible convivir con quien, confirmado desde la biología como genitor, y ratificado legalmente, como por la madre, se pretende imponer como padre? ¿Puede alguien acceder a esa función de ese modo? ¿Puede un A.D.N. constituirse en padre?

Preguntas, una gran serie de preguntas despierta en mí este caso... preguntas surgidas transferencialmente... preguntas también de la adolescente... interrogantes que motorizan el trabajo de transitar tantas incertidumbres...

Inquietudes, posiciones frente a una situación sumamente compleja. Me encuentro entonces, pensando en la adolescente, en su historia, en los modos de constitución subjetiva, y los modos en que transito el trabajo de filiación.

Filiación, operaciones psíquicas por las cuales el hijo va ligándose al grupo que le dio origen, y al cual le va a dar continuidad, considerando los padres como representantes de grupos que los anteceden.

Los padres son quienes deben brindar al hijo de funciones que favorezcan procesos psíquicos saludables en un niño, y que posibiliten su proceso de historización. Considerando entonces, la importancia de la familia en la estructuración de la subjetividad, en tanto es el primer grupo que el niño ha de inscribir psíquicamente.

Uno de los trabajos psíquicos saludables, está dado porque el niño liga a los padres bajo el signo del placer (placer por la existencia del hijo); se inscribe como consecuencia de ese placer que los liga, entre ellos, él mismo es la causa y consecuencia de unión y están ligados a él; que le permite desplegar el proceso de historización, y su estabilidad es fundamental para el desarrollo asegurando también identificaciones que conducen a una maduración psíquica, sexual y cultural.

Considerando la importancia de mantener una estabilidad para las identificaciones del niño, sabiendo que hay un momento privilegiado dentro de la transmisión psíquica, que lo constituye el acto de nominación del hijo, a través del cual el cuerpo del niño queda anudado a una genealogía, y junto con este acto se transmiten contenidos inconscientes, que son heredados; es lo que liga al niño a una familia.

Pensando todas las cuestiones inherentes a la construcción de la constitución subjetiva, a la construcción de las identificaciones y a todo el trabajo de filiación realizado por esta adolescente en el recorrido de su historia; nos lleva a preguntarnos qué efectos provoca en principio esta irrupción de una verdad que se le impone.

Pero no podemos tampoco dejar de analizar la cuestión de la paternidad; preguntarnos, ¿qué es un padre? Sabiendo que la función paterna es eso, una función; a veces coincide quien porta esta función y quien es su genitor; pero no siempre su genitor porta esa función.

Pensamos entonces con esta adolescente, genitor que luego de doce años se realiza un A.D.N., y de modo intrusivo pretende aparecer como padre, ¿lo es? ¿O en realidad lo es aquel que hasta ese momento cumplió esa función y participó en ese proceso de filiación?

Así la clínica muestra, y este es un ejemplo de ello, que hay sujetos genitores que evitan la posibilidad de filiación de un hijo, y otros que pueden filiar incluso hijos ajenos... ¿podrían pensarse como ajenos? ¿Por no ser gestados?

Pudiendo hace allí una distinción entre, lo que hace al orden del significante, de lo simbólico, de la letra, que sigue la línea de la filiación, nominación; a diferencia de lo que se podría pensar en la línea de la "sangre", que sigue la variable de la procreación y la herencia.

Retomando el caso que se ofrece como disparador para pensar estas cuestiones; una vez situado el recorrido hecho por la adolescente en su trabajo de filiación y articulado con el concepto de paternidad, se introduce otro elemento al planteo.

Tomando el resultado obtenido por el A.D.N., se resuelve el cambio de apellido, desde la justicia, aún con la negativa explícita de la adolescente. Aparece así, la variable de la realidad jurídica, que impone un padre; ¿con qué elementos jurídicos cuenta para una cosa o la otra, para imponer un A.D.N.? O privilegiar una historia filiatoria, de la que da cuenta la adolescente, ¿de qué herramientas disponen de querer privilegiar la postura de la adolescente?

En principio, no podemos dejar de pensar que cosas puede producir un cambio de apellido en una adolescente (contextualizando los procesos psíquicos que este debe llevar a cabo en esta etapa). ¿Cambio de apellido? ¿Cambio de identidad?

Relatos de escenas... colegio, ámbito de referencia, relación con pares... "ni pienso poner ese apellido en una prueba"... "es todo un lío, en el cole me llaman por un apellido, y no contesto, no me doy cuenta que es a mí, no lo registro"; cuenta así situaciones cotidianas, ya que en el colegio comienza a registrarse con el nuevo apellido, con ese nuevo documento...

Aquí entonces, pensamos como se juega este tema, en relación al derecho de identidad.

Tenemos así, la Convención de los Derechos del Niño, herramienta privilegiada e ineludible del derecho, en la problemática de los niños y adolescentes, que en su artículo 8.1, dice que:

> "Los estados parte se comprometen a respetar el derecho del niño a preservar su identidad, incluidos la nacionalidad, el nombre y las relaciones familiares, de conformidad con la ley, sin injerencias ilícitas".

Y si bien el punto dos, dice que:

> "Cuando un niño sea privado ilegalmente de alguno de los elementos de su identidad o de todos ellos, los estados deben prestar asistencia y protección apropiada con miras a restablecer rápidamente su identidad".

Cosa que se podría pensar en relación al desconocimiento de quien es en realidad su genitor, este punto, desde la visión jurídica, y el concepto de identidad estática (biológica), puede ser un argumento tenido en cuenta, pero que en realidad, está en consonancia con otro tipo de privaciones ilegales (apropiación, tráfico de niños) a partir de otras características particulares, y haciendo un análisis se podría observar que no es éste el caso.

También el artículo doce, indica no sólo el derecho a expresar libremente su opinión al niño y adolescente, y tener debidamente en cuenta sus opiniones, sino que puede ser por medio de un representante legal, en consonancia con las normas de procedimiento.

Actualmente, también se cuenta con la Ley N° 26.061, del año 2005; que en su artículo n° 27, inciso c) da cuenta que un niño o adolescente tiene que tener un abogado que lo represente legalmente, al igual que a los adultos.

Así como en este caso, la madre y el padre, tienen sus respectivos abogados que los representan, hablan por ellos en el ámbito judicial, y defienden sus derechos, los recursos con los que se cuentan, hubiesen posibilitado que esta adolescente hubiera tenido quien pudiera expresar (además de lo que fue expresado por ella) su deseo de no cambiar el apellido, considerando si el derecho a conocer la verdad de su historia, pero sin que esto constituya una imposición de carácter casi renegatorio de lo vivido previamente y en el contexto en que se desarrolló; preservando así la constitución de su identidad.

Al mismo tiempo, e inevitablemente esto genera otros interrogantes, uno de los cuales me parece más complejo, ¿qué sucedería, en caso de que esto hubiera sido posible (no cambiar el apellido) en relación a ella, con sus hermanos, quienes no tenían (en parte por una cuestión de edad, sólo en parte; y por otras limitaciones) la misma postura que ella? ¿Tendrían así distintos apellidos? ¿Qué efectos posteriores generaría esto?

Por otro lado, surge otra inquietud, en relación a consecuencias del orden de lo transgeneracional, que puede tener tanto esta situación familiar, como esta decisión judicial. ¿Qué efectos en los modos de transmisión psíquica familiar se podrán observar a futuro? Considerando que la filiación implica la relación de tres generaciones sucesivas, por lo que se podría pensar en cierto movimiento en relación a su propio trabajo de filiación, ¿qué se va a jugar cuando ella sea madre?, ¿cómo se pondrá esto en juego ante su maternidad, en la siguiente generación?

Esto no hace más que evidenciar las dificultades, contradicciones, inquietudes e interrogantes que suscita un caso como este.

De todos modos, en este caso prevaleció (como sabemos, que en tantos otros), la "verdad biológica", utilizado para oponerlo (al menos en esta situación) a la filiación del niño y el adolescente, que es contrario en su principio al derecho fundamental del hombre, que es el de tener una identidad constante, generando efectos en una persona cuya voluntad no es requerida y que daña gravemente su identidad.

Este caso nos llevó así a replantearnos tanto situaciones, como posiciones frente a, no sólo, a lo que planteado por la adolescente en relación a su historia; sino también, a la postura judicial en relación al tema.

Nos deja abiertos varios interrogantes a seguir pensando...nos presenta una serie de desafíos.... pero fundamentalmente, nos obliga a reflexionar éticamente sobre nuestra posición, no sólo como profesionales de la salud, sino como adultos, para brindar sostén y situaciones saludables a nuestros niños y adolescentes...

Interrogantes... reflexiones... planteos... un desafío a construir...

-7-

DESVISTIÉNDOSE COMO UNA CEBOLLA

Analia Goldin

Mi primer recuerdo de Lucía, ya que así la llamaré, es la imagen de ella en nuestro primer encuentro.

Sabía que mi próxima paciente era una joven de 17 años. La vi sentada en la sala de espera, detrás de un gordo libro, cubierta por un gorro hasta las orejas y un pulóver tapándole casi hasta la boca. No se podía saber a simple vista si era una chica o un varón. No se le veían los ojos ni el pelo. Estaba toda tapada.

Su motivo de consulta es: Dos neumotórax, al igual que su papá, pero su creencia de que *"algo de ella lo activa"*. La invito a descubrirlo juntas.

Lucía me habla de su permanente sentimiento de frío y problemas respiratorios: "Me visto como una cebolla. Siempre tengo frío y me voy sacando capa por capa".

Me cuenta de sus gustos; juega al volley, pero no lo practica porque no quiere entrenar todos los días, toca la guitarra pero se cansa de las clases, quiere tocar el charango pero no consigue profesor para que le enseñe, realiza pulseras en macramé pero cuando empieza a tejerlas no las termina.

Le marco que aquellas cosas que le gustan están llenas de "peros". Asiente y me dice que le cuesta tomar decisiones por sí sola.

Comienzo a pensar en dos líneas de trabajo: En su vida, Lucía separa lo que "debe hacer" de lo que "le gusta hacer". Lo placentero y lo necesario. Y parece ser que le es más fácil llevar a cabo lo primero.

Los padres no asisten a la primera entrevista pautada, ya que el horario *"lo habían anotado en un papelito y se olvidaron de ponerlo en la agenda"*.

El papá en la próxima entrevista me cuenta que cuando Lucía era chiquita tenía bronco espasmos y él compró el libro "La familia asmática". "Los broncoespasmos se producen por la liberación de <u>estamina</u>", me dice.

Yo comienzo a pensar en "la liberación de esta-mina". ¿Qué le pasará a este papá con el crecimiento de su hija?

Y así aparecen mis primeras preguntas e hipótesis de trabajo:

¿Qué lugar ocupa esta hija en la familia? ¿No hay lugar para ella en la agenda? ¿Sólo lo ocupa dentro de la familia asmática?

¿Cómo ayudarla a correrse del lugar de la hija sufrida?

¿A que liberación se está refiriendo el padre? ¿Por qué a la liberación de esta mina el padre la asocia con enfermedad? ¿Sólo podrá crecer enfermando su cuerpo? ¿Qué esconde detrás de tanta ropa? ¿Qué la ahoga tanto que le quita la respiración? ¿Por qué tanto frío? ¿Qué sentimiento será el que guarda con tanto esfuerzo psíquico que afecta a su cuerpo?

Es así como comenzamos a trabajar.

Con el transcurso de las sesiones me encuentro con una adolescente abocada a la lucha social, implicada políticamente en el centro de estudiantes de su escuela. Está cursando su último año de secundario. En su discurso aparece un alto grado de racionalización donde los sentimientos quedan subsumidos a los argumentos.

Según su relato nada la preocupa, nada la atemoriza, nada la angustia, nada la entristece... ¿Nada? Sabemos que detrás de tanta *nada* hay un *mucho* por descubrir que el paciente niega por defenderse.

Para este momento del tratamiento nuestro estilo es el siguiente: Lucía llega y me dice que nada nuevo le había pasado. Luego relata "el parte de actividades semanales" y en cuanto yo le pregunto acerca de lo que sentía frente a algún acontecimiento se cierra y con un *"no sé"* retrocede.

Nunca habla de nadie en particular. Todos los relatos son generalizaciones de sucesos y personas. "los chicos", "las chicas", "los del club". Le cuesta implicarse subjetivamente en los relatos.

La impresión que me genera es que se encierra dentro de sus "capas de cebolla". Ante mis intervenciones cambia la expresión, la postura, la mirada.

Si quiero obtener su confianza, me dije, debo esperarla. Si quiero ayudarla a deshojar sus capas y que no las necesite más para abrigarse... debo ser paciente. ¿Paciente en la posición del analista? Sí, paciente.

Fue en ese momento del tratamiento, en el que empecé a preguntarme acerca del rol del analista. De mi rol. Comencé a preguntarme acerca de todos aquellos contenidos que la teoría enseña y su relación con la práctica.

Y nuevamente mis preguntas: ¿Cómo descubro aquello que la aqueja si no lo relata?

Lentamente comienza a aparecer otra Lucía en sesión: "La amante de *Boca*."

En su relato empieza a figurar la pasión. A partir de ese momento las sesiones dan un giro. Del *"parte semanal"* al *"partido del domingo."*

Las palabras referidas al orden de lo afectivo, surgen con protagonismo: Descarga, bronca, tensión, alegría. "Cuando voy a la cancha soy otra." Nuevamente una invitación a descubrir a esta otra Lucía.

Cuando habla de la cancha se permite sonreír. Responde mis preguntas a cerca de sentimientos con relatos de sucesos ocurridos durante el partido.

Los partidos del domingo toman un lugar primordial en el tratamiento. Ya no se tapa la cara. Comienza a mirarme a los ojos cuando habla.

Y nuevamente surgen mis preguntas:

¿Por qué dos Lucías?

¿Por qué en la semana es tan racional y en la cancha tan pasional?

Comenzamos a pensar en la angustia ante una goleada, que le pasa en el cuerpo ante esta angustia, y así su gran descubrimiento: Su dificultad para unir pensamientos y recuerdos, con los sentimientos correspondientes.

Para ella es un descubrimiento. Para mí un hallazgo analítico. Algo nuevo comienza a pasar en el tratamiento. Algunas de mis primeras hipótesis empiezan a confirmarse.

Su Yo, levanta un dique armadísimo para defenderse de una fuerza psíquica muy fuerte que le es intolerable. Pero algo de lo inconsciente encuentra una grieta en el cuerpo. Algo de lo forcluído parcialmente, a decir por Nasio, la enferma, la ahoga. Racionaliza para no sentir. Se desdobla. Se disocia.

¿Sentir qué? Es mi nueva pregunta.

Lucía asiste a sesión con puntualidad. Ya no viene toda tapada. La veo más relajada y sonriente.

Cinco meses después de iniciado el tratamiento aparecen dos sucesos que la conmocionan y que abren una nueva línea de trabajo: Su cumpleaños número 18 y la sorpresa de aparecer en los padrones para votar a presidente.

Estos hitos, la sorprenden y la convoco a pensar en ellos. *"El tiempo no para"*, fue la frase en la que se centra nuestro trabajo.

Comenzamos a analizar su elección de carrera universitaria. En su escuela existe la posibilidad de iniciar sus estudios universitarios. Lucía no sabe si quedarse en la escuela a cursar 6to año como CBC o cursarlo en la universidad. La carrera: "Antropología."

Decidir 6to año o CBC, tenía que ver para ella con la posibilidad de conocer nuevas personas, nuevos espacios o transitar el ingreso a la universidad en un espacio conocido, con los mismos profesores de la secundaria.

Finalmente decide cursar el CBC. Una manera de salir de la endogamia a la exogamia. Lucía busca nuevos espacios por fuera de los conocidos hasta ahora.

A partir de este momento, en dirección a la cura, comienzo a pensar nuevas líneas de trabajo: Su relación con el dinero y la actividad laboral, su elección vocacional, su posición sexual (tema que hasta ahora me es vedado), sus conflictos con la sexualidad. Su salida a la exogamia.

Lucía asiste a sesión puntualmente durante su primer año en el CBC.

Durante ese año conoce mucha gente, se hace de nuevos amigos, realiza un viaje como mochilera. En fin, tiene muchas experiencias nuevas.

Del único tema que no quiere hablar es de sus conflictos amorosos, en realidad de la falta de "conflictos amorosos".

En el mes de noviembre, Lucía llega un día al consultorio y me dice que no tiene más ganas de seguir viniendo. Que había superado lo que la convocó a comenzar: Que sabe que queda mucho por trabajar, pero que no lo quiere hacer ahora.

Nos tomamos un mes para repensar su decisión, y en mi ser más íntimo, siento que hasta aquí ella había querido avanzar, y que es mi responsabilidad como analista respetarla. A lo mejor, mas adelante, decida continuar deshojando la cebolla.

Pero no es este "su momento".

-8-

El Rol De La Escuela y Los Adolescentes Tecnológicos

Analia Goldin

¿Qué pasa que no me escucha? ¿Acaso no hablamos el mismo idioma? ¿Por qué parece que vive en otro mundo?

Preguntas como estas son cada vez más frecuentes en relatos de adultos, padres o docentes, luego de intentar sucesivas veces establecer un diálogo con algún adolescente.

A medida que la tecnología avanza y nos acerca a medios de comunicación cada vez más sofisticados, la presencia del otro, visible a nuestros ojos, se desvanece. Casi podríamos llegar a decir que se hace más fácil comunicarnos a través de una pantalla o un teléfono, que frente a una voz o una mirada.

La escuela a su vez, como institución, sufre las consecuencias de dicho proceso. Para comenzar a desandar ese camino leamos juntos **"El Diario de una docente de escuela media"**:

"Hoy es miércoles a la mañana. Es una mañana cualquiera, de cualquier día del año. El cansancio asoma en mi cara.

Subo la escalera de la escuela pensando en los próximos 80 minutos. Repaso para mis adentros la planificación de la clase que daré.

Vuelven a mi mente algunas cuestiones que fueron analizadas en la última reunión de equipo.

Mi objetivo es enseñarles historia argentina. Palabras como independencia, valentía, trabajo, valor, forman parte de la planificación de mi día.

Ardua es la tarea de enseñar historia a adolescentes, a jóvenes que sólo piensan en sus respectivos presentes.

Tengo el gran desafío de interpretar el pasado en pos del futuro a la luz del presente, de jóvenes de entre 15 y 16 años insertos en la era del zapping.

Llego al pasillo, libro en mano, con la sensación de que todo está en orden.

Ingreso al aula y digo 'buen día'. Silencio. Levanto la vista y encuentro el aula medio vacía. Lentamente se va llenando de alumnos que regresan del recreo con cara de aburridos, me pregunto si la misma es debida a la clase o les pertenece como marca de identidad.

En un intento de que el tiempo haga lo suyo comienzo a llenar el libro de tema, borro el pizarrón y armo la escenografía pertinente, esperando que el silencio se adueñe del aula para comenzar a trabajar.

Nada. Levanto nuevamente la vista y veo una escena que no es la deseada, o por lo menos la planificada, pero ésta es cada vez más frecuente.

De los 30 alumnos que habitan el aula, en un rincón se encuentran cuatro varones jugando al truco.

Les pido que guarden las cartas y gritan al unísono: '¡Esperá que terminamos la partida¡'. Intento sentir que el interés por mi clase no compite con una partida de truco, pero mi sentido común me dice que la batalla está perdida. Ante esta situación me doy vuelta hacia ellos, mientras que un: 'truco, quiero vale cuatro', se apodera del aula, acompañado de golpes en las mesas. Sencillamente, como si no hubiese pasado nada, les recuerdo su pedido: la partida terminó. Yo negocié, ahora les toca a ellos cumplir y disponerse a comenzar a trabajar. Todo esto sucede a través de mi vos calmada, mis palabras no dejan vislumbrar ningún sesgo de exaltación (tono que mi traumatólogo, kinesiólogo y osteópata me recomendaron para que mis cervicales no comiencen a protestar).

En otro rincón del aula, otras cuatro cabezas se amontonan sobre una hoja. Cuatro cabelleras largas tapan un papel con un contenido desconocido para mí. Les pido que lo guarden y que acomoden las mesas, ante mí pedido la respuesta es un grito de: 'Tenemos un problema muy importante. No podemos esperar'. Y las cuatro cabelleras vuelven a mezclarse sin más.

En el medio del aula otros varios dormitan con sus capuchas en forma de almohadas tapando el banco, mientras otros tantos conectados a sus MP3 escuchan música.

Aprendí a pedirles simplemente que se saquen los auriculares. Ante mi solicitud de desconexión la respuesta es: '¿Qué te molesta que tenga los auriculares puestos si igual te escucho?'. ¿Cómo explicarles que soy de la era en la cual para escuchar hay que tener los oídos libres, al igual que para ver los dos ojos abiertos?

Cuatro o cinco alumnos sentados en los primeros bancos y dos sentados en los últimos, me miran a la espera de que comience a decir algo.

Al ver que sus compañeros no acusan recibo, comienzan a pedirme que comience con la clase. Que el que quiere escuchar, que escuche, y los que no que se la pierdan. Que a los que molestan los eche o les ponga una sanción.

Los miro detenidamente y me sincero. Les explico que no los entiendo. Yo viví mi adolescencia en una escuela autoritaria, en la cual TODO se arreglaba con sanciones disciplinarias. Les explico que yo no vine a dar clases particulares. Que los considero un grupo y es al grupo al que me voy a dirigir.

Es en ese momento en el cual me quedo callada y comienza mi malestar.

Ya pasaron 15 minutos y nada... no paso nada... ¿O pasó mucho y no me di cuenta?

En mi cabeza comienzan a aparecer algunas preguntas: ¿Qué esperan de mí? ¿Esperan algo de mí?

Recuerdo, que cuando me recibí soñaba con parecerme a Robin Williams en 'El país de los poetas muertos' donde el docente lograba que sus alumnos, acostumbrados al rigor, se sintieran partícipes de sus propios procesos de aprendizaje. Un profesor que pensaba en las necesidades de cada uno de los estudiantes e intentaba llegar a partir de sus contenidos a lo más profundo de sus sentimientos.

Y es así, como intento comenzar la clase. Casi pidiendo permiso para iniciar un diálogo, en el medio del murmullo, recibiendo a cambio el eco de mi mero monólogo. Poniendo sobre el escenario mis mayores estrategias de seducción para captar la atención de todos los adolescentes ubicados en sus bancos. Disfrazándome de todos los personajes que atraviesan la historia para acercarlos a nuestra realidad. Poniendo el cuerpo ante situaciones conflictivas. Presentando dilemas para lograr que en lugar de la indiferencia se instale la pregunta que desencadene el devenir del conocimiento..."

Volvamos al análisis. La escuela, y los adultos que en ella se encuentran, deben enfrentarse al desafío que la posmodernidad propone.

En los últimos años, son cada vez más las posibilidades que nos otorga la tecnología para comunicarnos. Infinita variedad de teléfonos celulares y programas de computación, hacen que podamos ubicar la presencia de aquel a quien buscamos de manera inmediata.

Para los padres es una tranquilidad lograr saber donde se encuentran sus hijos a cualquier hora del día, y viceversa. Las parejas organizan sus familias vía mensajitos de texto.

Pero nada de todo esto garantiza que estos personajes que controlan el "estar" de sus semejantes, se comuniquen con ellos. Es sólo una garantía de presencia. Una seguridad ante la fácil ubicación del otro. Por otra parte, ésta no siempre implica comunicación. En este estilo de diálogo, el deseo del semejante, sus pesares y sus alegrías, no cobran protagonismo. Casi todo, lleva título informativo.

Me asombro al ver una publicidad en televisión que promociona el último teléfono celular que saldrá a la venta. Muestra a un hombre caminando por la calle, con auriculares en sus oídos, solo, escuchando una canción que no comparte con nadie. Mientras tanto se nos anuncia a nosotros, los posibles consumidores, las ventajas de dicho aparato que nos solucionaría la vida.

¿Serán estos artefactos reales facilitadores de la comunicación?

¿No tomarán un lugar ilusorio, donde el otro queda desdibujado, en "ausencia de presencia"?

Zigmunt Bauman, en *"Amor líquido"*, retomando a John Urry dice:

> "Las relaciones de co-presencia implican siempre cercanía y lejanía, proximidad y distancia, solidez e imaginación."

Me pregunto si el aumento de los primeros términos, cercanía, proximidad y solidez, serán proporcionales al aumento de los elementos tecnológicos que se nos ofrecen. O en todo caso, a como cambian los vínculos entre los sujetos a partir del surgimiento de dichos instrumentos.

Por otro lado, se modifica el lugar de la escuela como institución, ya que pasa de ser un espacio de formación e información con mayúsculas, en el cual los padres depositaban su confianza como educadora de sus hijos, a ser parte de una gran crisis de "marketing", con el aluvión de estímulos de imágenes y sonidos con los que conviven nuestros jóvenes.

Y pensando en la construcción de subjetividad de nuestros alumnos, ¿cómo influye esta nueva manera de vincularse en las relaciones dentro del aula, espacio en el que se comparte en grupo, donde la presencia del otro no puede ser eliminada con la utilización de un *Mouse*?

Nuestros alumnos acceden a la información que desean, en el momento que desean y con el formato que desean. Es así como tienen la posibilidad de "con sólo apretar un botón", filtrar todo aquello que genere un conflicto. En pos de atrincherarse frente a la angustia de la incertidumbre, la tecnología les otorga la posibilidad de construir sus propias realidades.

Y en esta nueva realidad que se construye, la posibilidad de identificarse sólo con aquellos personajes que liberen de dicha angustia.

Los lugares de encuentro son virtuales, y construyen una realidad virtual.

Vivimos en una época donde la contradicción, nos invita a la reflexión. Vivimos bajo el paradigma de la modernidad, sustentado por las ideas liberales dominantes de La Revolución Francesa que enuncian como derechos "naturales, imprescriptibles e inalienables" aquellos que nos competen en tanto hombres: "La libertad y la igualdad de derechos". Sin embargo, alcanza con prender la televisión, leer los diarios o simplemente mirar por la ventana, para darse cuenta de que eso no pasa.

El cartonero, el extranjero, el analfabeto, el desnutrido, nos muestran una importante paradoja: la segregación nos muestra la necesidad de que exista el que sufre, para asegurar que *"el que sufre no soy yo"*. Diferenciando lo irreductible de lo real por fuera de lo propio, por fuera de un Yo guiado por el placer.

Volviendo al aula es mucho más "fácil y tranquilizador" ser miembro del grupo elegido. Si el pobre camina por la vereda de enfrente, eso quiere decir que el pobre no soy yo. Si el desnutrido vive en Tucumán, eso me garantiza que yo no voy a tener hambre. Si el extranjero es perseguido, eso quiere decir que puedo quedarme tranquilo en mi lugar. Entonces, solemos tranquilizarnos desmintiéndonos día a día, creyéndonos lejos de lo que nunca nos va a pasar.

Es interesante ubicar, cual es el significante de la cultura con el cual se sienten representados los alumnos. Frente a la computadora pueden ser felices, exitosos, ya que los "emoticones" hablan por ellos.

La pregunta es cómo intervenir. La realidad virtual es construida, entonces, con los elementos del presente que permitan visualizar un futuro más prometedor y pretensioso.

¿No será que el desinterés que muestran los alumnos frente a la historia o frente al pasado, va por esta línea de análisis?

Y si es así… ¿Por qué no se instala algo del orden de la palabra en lugar de esta sensación de indiferencia al saber? ¿Habilitarán los docentes este espacio, o sostendrán la hipótesis de que a los jóvenes no les interesa nada?

Cada sujeto tramita según su singularidad el malestar en la cultura, de acuerdo a sus posibilidades. Frente al conflicto entre las exigencias que le impone la cultura y la renuncia a la satisfacción de sus pulsiones, el sujeto encuentra una solución de compromiso vía sublimación. Me pregunto si esta indiferencia que percibimos hoy en día en los adolescentes dentro de la escuela, frente a ciertos contenidos planificados por la institución, no será del mismo orden. Un intento fallido por resolver lo irreductible del conflicto pulsional, tapándose los oídos con los auriculares, y de esta forma evitar anoticiarse de la angustia que genera dicha exigencia.

Es en este punto de análisis donde se instala la función paterna al servicio del conflicto entre cultura y pulsión, que siempre necesita la mediación de un Otro para tratar la imposibilidad que trae el conflicto en sí. Ese Otro, en términos de función, son los docentes, la escuela, la familia. La invocación a ese Otro está orientada a que un sujeto advenga, para que pueda responder y ubicarse en la vida con un deseo singular.

La función paterna es la condición para la estructuración normativa del sujeto. Es la que logra introducir al "cuerpo del desborde pulsional" en una regulación social. Es la que habilita al sujeto y facilita su ingreso a cada cultura particular, con sus propias normas en relación a lo que se puede y a lo que no se puede, a las normas de alimentación, de aseo, abrigo y a su relación con el conocimiento.

La función simbólica anuda al sujeto con el lenguaje, y éste queda marcado por el saber que construyen las leyes.

En "Moisés y la religión Monoteísta", Freud plantea el vínculo que existe entre la función paterna y el progreso cultural. Dicha función despierta en los sujetos disposición al saber y la inquietud por aprender.

Es llamativo lo que ocurre hoy día con los adolescentes. Es habitual observar distorsiones en esta disposición al saber, hasta llegar a lo patológico. Decidí nombrar a ciertas conductas que ocurren en el aula, a modo de síntomas típicos de los trastornos de la alimentación, pensando en la analogía que existe entre el *comer* (incorporar al cuerpo el combustible necesario para su funcionamiento) y el *saber* (incorporar a nuestra subjetividad elementos que nos forman y nos nutren). Muchos alumnos sufren de *"anorexia del conocimiento"* (saber, poquito y nada) o de *"bulimia del conocimiento"* (estudiar mucho y de memoria, sin ninguna elaboración y vomitar lo estudiado sin que quede algún registro). Para entender dichos síntomas escolares tenemos que hacer una lectura no sólo de la dimensión subjetiva de cada sujeto sino también de la dimensión social. Qué valores predominan en esta cultura, qué exigencias tiene la cultura en cuestión, qué conductas están desvalorizadas entre los adolescentes.

La escuela media fue pensada en sus inicios, para un sector social de *"elite"*, donde la misma era ubicada en un sistema de valores diferentes a los que la sociedad propone y exige hoy.

La escuela para unos pocos elegidos se transformó en una escuela para todos, y ese intento de diversidad no llegó acompañado de cambios estructurales. Por lo tanto, el éxito esperado del colegio como institución y de sus participantes, trae aparejado un fracaso escolar masivo.

La institución educativa no tuvo en cuenta las diversidades sociales y culturales para su modificación y es así que acude a una respuesta más "clínica" para explicar su fracaso: El fracaso en la escuela media se suele explicar por un déficit en los alumnos. Pensar en una teoría del déficit, es darle un lugar al déficit sólo desde el sujeto que es visto como deficitario. Es pensar en un proceso de aprendizaje y no de enseñanza- aprendizaje.

Lo que la escuela media no se pregunta es, si responde a las necesidades e intereses de su población, tanto desde lo académico como desde lo social.

El adolescente (período de transición) se encuentra en un proceso de modificación de sus intereses y necesidades. La apatía, la indiferencia por los contenidos escolares, el descenso en el rendimiento dan cuenta de un cambio de éstos, y de un empobrecimiento en sus mecanismos de comportamiento.

El oposicionismo, la inquietud, el negativismo, el rechazo, dejan visualizar el movimiento de retracción que realiza el adolescente de todo lo dado para apartarse de ello y anticiparse o desplegarse en otros planos y esferas.

Estas modificaciones tanto internas como externas proponen al adolescente nuevos escenarios de interés.

Los complejos procesos de desarrollo por los que atraviesan los jóvenes, adquieren un movimiento donde se extinguen los viejos vínculos con el medio externo, y aparecen otros nuevos.

La sociedad le exige a la escuela media que capacite a los adolescentes para el mundo laboral. Pero la misma no sólo es constructora de recursos útiles para acceder a un empleo, sino co-constructora de otros ámbitos de socialización de las identidades de los sujetos.

Ahora bien, si la escuela se ve afectada fuertemente por los cambios sociales, culturales e institucionales ocurridos en las últimas décadas, podríamos entender que esta sensación de soledad que muchas veces sentimos los adultos frente a los jóvenes, el sentimiento de que "hablamos en distintos idiomas", la frustración al creer que no nos escuchan al estar todo el tiempo conectados, no es más que un proceso propio de nuestra cultura posmoderna. Y entonces nuestro malestar, no es más que una respuesta a la frustración que nos genera nuestra renuncia pulsional frente a esta cultura.

Ante este sentimiento sería interesante que nos replanteemos nuestro rol, para no caer en posiciones autoritarias o nostálgicas añorando a aquellos modos de ser de los docentes que conocemos de nuestra infancia.

Los maestros, en cuanto a la función paterna, son portadores de palabra.

Y frente a estas situaciones sintomáticas de la cultura escolar, es el deber de la escuela ejercer dicha función. Cuando la palabra pierde su eficacia simbólica el sujeto queda desamparado ante el empuje masivo y desregulado de las pulsiones. La palabra, puede estar destinada a acallar el dolor que ocasiona el crecimiento, a compensar las renuncias que exige el ingreso a la cultura.

Portando la función paterna, los adultos que acompañamos en este arduo proceso a nuestros jóvenes, tenemos el desafío de agregar una palabra donde se instaló un silencio, para mostrarles las posibilidades sublimatorias que los hagan olvidar de la urgencia de la pulsión.

Esto se logra a través de docentes que escuchen las necesidades de los jóvenes, que se sientan convocados por sus intereses.

Los adolescentes esperan de un Otro que los convoque, todo el tiempo, a la palabra. A encontrar espacios para cuestionar, desafiar y reeditar un pasado en función de un futuro.

En una época en la cual el "zapping" condiciona los vínculos, y en la que mediante el *Chat* logramos conversar con personas que desaparecen en tanto no queremos saber más de ellas, mediante el uso del *Mouse* y un simple "desconectar" nuestros adolescentes necesitan una palabra que se sostenga y evite quiebres subjetivos.

Una palabra clara que habilite a la palabra de ellos, para evitar instancias de violencia o actos impulsivos y desconectados.

-9-

HACER–SE ADOLESCENTE

Cristina M. Blanco

Itaca[1]

Cuando emprendas el regreso a Itaca,
ruega que el camino sea largo,
lleno de aventuras, de conocimiento.

A los Lestrigones y los Cíclopes,
al irritado Poseidón, no le temas;
no hallarás tales cosas en tu camino
si tu pensamiento sublime
y la emoción embarga tu espíritu y tu cuerpo.

A los Lestrigones y los Cíclopes,
al feroz Poseidón, no lo encontrarás
si no lo llevas en tu alma,
si tu alma no los pone ante ti.

Ruega que el camino sea largo.

Que sean muchas las mañanas estivales
en que lleno de placer y alegría

---

1. Constantino Kavafis (1863 - 1933).

> *entres a puertos vistos por primera vez;*
> *detente en los mercados fenicios*
> *y adquiere hermosas mercancías,*
> *nácar y coral, ámbar y ébano,*
> *y toda clase de perfumes voluptuosos,*
> *todos los perfumes voluptuosos que puedas;*
> *visita muchas ciudades egipcias*
> *para aprender más y más de los sabios.*
>
> *Ten siempre en tu mente a Itaca.*
>
> *Tu meta es llegar allí.*
>
> *Pero no apresures de ninguna manera el viaje.*
>
> *Mejor que dure muchos años,*
> *y viejo ya ancles en la isla,*
> *rico con cuanto ganaste en el camino,*
> *sin esperar que Itaca te de riquezas.*
>
> *Itaca te dio el hermoso viaje.*
>
> *Sin ella no hubieras salido al camino.*
>
> *Pero ya no tiene nada para darte.*
>
> *Y si la encuentras pobre, Itaca no te ha engañado.*
>
> *Tan sabio como has llegado a ser, con tanta experiencia,*
> *ya habrás comprendido qué significan las Itacas.*

Pensar la adolescencia nos lleva a indagar los códigos en que se instituye, los modos que le son propios en cada época, en cada contexto socio-histórico, en cada generación, en cada grupo, y el entramado que se conforma con todo esto, y la historia singular de cada sujeto, de ese adolescente en esa familia, y a la vez, está en el contexto de sus propios lazos sociales, de esos otros que van a constituir la realidad de ese grupo y de esa subjetividad, que no puede sino estar marcada por las trazas temporales de su cultura que modifica y a la vez recrea.

Pensar en el adolescente no es entonces, sin este contexto, pero también, es mucho más que eso.

Las marcas, las huellas culturales se inscriben en una subjetividad abierta, que con su potencialidad trasformadora convierte lo recibido en terreno propicio para la aparición de lo nuevo, principal característica de la tarea adolescente.

El trabajo de los adolescentes consiste en poder construir su propio proyecto identificatorio, en el contexto de estas coordenadas sociales actuales específicas.

Considerando la subjetividad, como una construcción, como una producción, como algo dinámico, y no estático, algo que se constituye desde "el primer sorbo de leche, y hasta el último suspiro"…

Tomando entonces, la subjetividad como una construcción, como una situación dinámica… y consideramos la vida como una trayectoria que se compone de logros, de metas, de aciertos, pero no sólo de estos, sino también de desaciertos, de pérdidas y desperdicios, de miserias y traiciones, de zonas oscuras, de omisiones, de deseos incumplidos, de lo que una vez se dejó de lado. No se elige, o no se alcanza, de las posibilidades que no llegan a realizarse, de vacilaciones, ensoñaciones, proyectos frustrados, anhelos tibios, miedos que paralizan, lo que se abandona o lo que abandona, entonces… nos constituye tanto lo que fue, como lo que no fue, lo más comprobable y recordable, como lo más incierto o indeciso.

Por supuesto, que esto también sucede en la adolescencia, entre las oportunidades nuevas, entre las angustias y los duelos, entre las posibilidades y las potencialidades, entre el "adolecer" y el "adolescer"… es un entre… es en este entre que se hace, se produce el sujeto adolescente…

En este caso, estas situaciones presentan características particulares en la adolescencia, estos avatares por los que debe transitar todo sujeto, adquiere una especificidad en este momento adolescente, donde se transitan determinados procesos psíquicos... tener que inscribir ese cuerpo conocido y a la vez extraño, ese mismo cuerpo de niño, pero a la vez nuevo, y con potencialidades que hasta ese momento no estaban, ¿qué hacer entonces? ¿Cómo inscribirlo? ¿Cómo apropiarse de él?

Es una ruptura en la continuidad, pero no toda ruptura es un trauma, una detención, si al decir de Winnicott, se puede "seguir siendo"...

En especial si conceptualizamos al Yo como un proceso de construcción constante, ya que los distintos obstáculos que el sujeto va a atravesar no son siempre traumáticos.

El adolescente también, debe salir a conquistar nuevos territorios, construir espacios nuevos, diferentes a los conocidos, diferenciándose de éstos, tarea que se vería facilitada por la existencia de un adulto, que estando allí para confrontar, sin abdicar, con firmeza y sin violencia, permanezca ahí, y favorezca la confrontación adolescente, proceso constitutivo y constituyente de la diferenciación, proceso que tiene que llevar adelante un adolescente saludable.

Cómo debe hacer entonces el adolescente para tramitar duelos y proyectos, en un momento en que pasado, presente y futuro adquieren características particulares, se modifican, se transforman... y se entrelazan...

Hacer-se, construir-se... es el momento de poner su propio sentido a la vida, a su vida, a su historia, la que se anuda a su genealogía, a su linaje, enraizado con la que construirá él mismo...

Este es el mayor desafío ante el que se encuentra el sujeto, y es en su devenir que podrá (o no) construir una pregunta adecuada a un conflicto decisivo.

Es así, que podemos pensar que esa subjetividad produce un adolescente... no se es adolescente por tener una edad determinada...

Una subjetividad puede producir un adolescente transitando procesos psíquicos específicos.

Momento clave de nuevas significaciones que desencadena movimientos en su trama, que llevan al adolescente a esta tarea fundamental para este momento, con particularidades propias que consiste, entre otras, en "experienciar" al decir winnicottiano, en explorar diferentes espacios que lo constituyen como sujeto en esta transformación, como la exploración en ámbito de su propio cuerpo, partiendo de las transformaciones puberales, la irrupción de los caracteres sexuales secundarios, transformaciones vividas con extrañeza y asombro, transitando el proceso de apropiación de este cuerpo nuevo y conocido a la vez, enlazado con la exploración de los nuevos vínculos con los otros, los cambios que se producen en las relaciones que conformaron su historia. Además de nuevos vínculos, ya no sólo en la constitución de grupos de pares, que se instituyen como un sostén, referente y grupo de pertenencia, sino también en el encuentro con otro sexuado, en la construcción de una relación amorosa, en el acceso a la genitalidad más allá de la potencialidad que irrumpe como un huracán arrasador... explorar también el ámbito social, desde esa nueva posición explorando la realidad con esta nueva mirada adolescente.

Momento de poner su propio sentido a su vida, a su historia, la que lo anuda a su genealogía, enraizada con la que construirá a partir de allí… comenzar la ardua tarea de dar sentido por sí mismo a este viaje de la vida…

Hacer-se adolescente… se trata de poder desplegar la capacidad de construir-se a sí mismo como un adolescente, de poner en cuestión, de interrogar todo lo que hay hasta ese momento… aquel que puede transformar, transformarse, transformando simultáneamente su entorno, sus vínculos, sus espacios…

Hacer-se adolescente… producir un adolescente en esa subjetividad desplegando esa potencialidad transformadoramente creativa… ese es el desafío.

-10-

La Metáfora De Tom y Jerry: De Opresores y De Oprimidos

Analia Goldin

Es martes por la tarde y Joaquín, de cinco años, está mirando los dibujitos en su casa. Mira absorto, sin moverse y sin emitir sonido, como sí lo que apareciera en la pantalla fuera un rito sagrado al que hay que adorar y cuidar especialmente.

Tom lo persigue a Jerry con una sonrisa despiadada en los ojos. Cuando casi lo tiene entre sus dientes, lo deja entrar a su cueva para poder así seguir persiguiéndolo.

Jerry entra a su pequeña cueva y mira hacia afuera con la intención de salir a provocar la ira de Tom y otra vez el mismo circuito.

Después de una larga jornada de trabajo, me siento cómodamente en un sillón del living de mi casa, y de pronto una imagen aterradora irrumpe del televisor. Desde Fuerte Apache, barrio marginal del Gran Buenos Aires, un joven rodeado por un montón de periodistas, explica el asesinato que había cometido hacia un gendarme. Justifica el mismo, asegurando que lo había cometido "por diversión". Los adolescentes de Fuerte Apache salen a robar entre los 12 y 15 años, debido a que a esa edad son inimputables.

Arma en mano se sienten todopoderosos e impunes. Y así ejercen poder.

Mientras tanto… muchos de nosotros miramos fascinados y horrorizados esta escena televisiva y real, que se repite constantemente, preguntándonos ¿y el próximo quién será?

En estos momentos de crisis, donde el mundo parece que gira sin parar, la violencia nos rodea y nos enreda. Perdiendo la perspectiva del otro, en esta jungla salvaje que nos toca vivir.

Nuestros ojos son ametrallados por imágenes que nos paralizan. Jóvenes atacando a ancianos por unos billetes. Niños atacando a otros niños para quitarles un teléfono celular. Padres golpeando a sus hijos. Madres llorando por sus hijas abusadas. Adolescentes armados bajo el efecto de un "paco" que les quitó la sensibilidad.

Y mientras tanto…

"Aldón pirulero cada cuál atiende su juego y el que no, y el que no… una prenda tendrá".

La mayoría de nosotros nacimos y nos educamos con el modelo de Tom y Jerry.

¿Por qué el fuerte necesita del débil para seguir en escena?

¿Por qué el débil sigue buscando que el perseguidor esté cerca para poder salir y volver a esconderse?

¿Desde dónde y cómo se forma el vínculo entre estos dos actores sociales?

Débiles y fuertes, conquistadores y vencidos, dominadores y dominados, poderosos y subordinados.

A lo largo de la historia de la civilización, el poder y la sujeción a él, dio origen a la estructura de las diferentes sociedades.

Múltiples interjuegos de poder atraviesan el entramado de la sociedad.

Las relaciones de poder traspasan, caracterizan y constituyen el cuerpo social.

A decir por Foucault, *"las relaciones de poder fabrican sujetos"*.

Las relaciones de poder se entrecruzan, se remiten unas a otras, convergen y se oponen o se anulan. Por lo tanto, es imposible estudiarlas como fenómenos particulares, sino a través de su interrelación.

Es Imposible entender este fenómeno social si sólo dirigimos la mirada hacia la pobreza. Fácil es, para ciertos discursos del poder, no involucrarse y sólo criminalizar a la sociedad de más bajos recursos.

El poder nos interpela e institucionaliza la búsqueda de la verdad. Tenemos que producir veracidad pero a su vez estamos sometidos a la realidad que ya es ley. Se nos impone, nos somete. Estamos obligados a vivir en función de discursos verdaderos que llevan con ellos efectos de poder.

Los medios de comunicación portan dicha bandera, atacándonos con imágenes violentas y con el escaso análisis de la situación. Pocos se preguntan e intentan buscar las respuestas que ayuden a entender como un niño apunta a un gendarme, como un niño no logra ver en su víctima al padre de un bebé de un mes de vida al que ni siquiera llegó a conocer.

Para Foucoult, el poder es pensado desde una matriz economicista: se pasa como un contrato. Es un bien que se cede.

¿Será que estos niños recibieron de sus padres esta manera de ejercer el poder?

¿Será por eso que el asesinato se les naturaliza sin mostrar ningún tipo de remordimiento?

¿Qué mecanismo psíquico opera en estos niños que portan un arma como un símbolo de poder?

A lo mejor, el portar un arma los protege de la desvalidez en un sistema que ya los excluyó…

Para la autora Judith Butler, quien estudió los mecanismos psíquicos en los que se apoya el poder y la sujeción a él, el poder es pensado habitualmente como un factor externo, cuando en realidad la propia formación del sujeto depende de él.

Pensamos el poder como un juego de fuerzas al que se nos somete y nos subordinamos a él sin pensar que el mismo es aquello que forma al sujeto, que condiciona su existencia y la trayectoria de su deseo. Al poder no nos oponemos sino que dependemos de él para nuestra supervivencia. Se nos es impuesto e internalizamos sus condiciones.

El sometimiento es la dependencia a un discurso que no elegimos pero que sustenta nuestra potencia. El sujeto deviene mediante una sumisión primaria al poder.

Si la subordinación toma un lugar fundacional en el sujeto, deberíamos concluir que entra en juego algún vínculo apasionado del cual el ser humano depende de manera especial. Empezaríamos a pensar en una dependencia primaria obligatoria que condiciona y regula al sujeto.

Y si pensamos en la palabra sujeto, como la forma de denominar a una persona, a un ser que piensa y reflexiona, nos damos cuenta que la palabra nace subordinada, atada, atrapada, encadenada, sujeta a una relación parental desde sus comienzos. Una sujeción interminable, que se trasladará a diversas relaciones de poder a lo largo de la vida, y a su vez necesaria para la formación del psiquismo y su desarrollo. Un sujeto en busca de encontrar su autonomía…

Es inherente a la formación del sujeto que se establezca en un vínculo de dependencia.

El sometimiento a la ley, es fundante para la organización de una sociedad, ya que ésta garantiza los derechos naturales de los que la integran.

Me pregunto si estos niños violentos, no resuelven su "irreductible sujeción al poder" con un acto, para tramitar el desalojo de una sociedad que no los ayudó a constituirse como sujetos. Adolescentes que viven su padecimiento subjetivo con la ilusión de arribar a un estado de plenitud que se manifiesta a través de la compulsión, al no haber lugar para la palabra.

Niños carentes de ley, que irrumpen en un mundo que los desconoce, y que no les brinda los elementos para que se desarrollen como tal.

Es momento para que nos preguntemos a qué Otro miramos absortos, y qué hacemos como analistas para que la angustia que provoca la crisis, promueva nacimientos de sujetos que encuentren herramientas para "persistir en su propio ser y no perderse en el intento".

Sujetos desde un comienzo en un círculo vicioso y virtuoso al mismo tiempo… que se transforma en un mal necesario, constituyéndonos, sujetándonos y creándonos infinitas veces…

-11-

MIRANDO POR LA VENTANA, LA GUERRA DE LOS ROSE

Analia Goldin

El poco tiempo que duró el tratamiento de Tomás, me presentó hasta ahora uno de mis mayores dilemas de la clínica de niños: en el tratamiento de niños los padres llegan al consultorio por una determinada consulta acerca de sus hijos, e inmediatamente toman un lugar muy importante en el mismo. Sin su colaboración no existe el tratamiento. El trabajo analítico es familiar. Y las resistencias no son sólo del paciente sino también de los padres.

El dilema en el tratamiento de Tomás era cómo trabajar con los padres sin que se me pierda de vista mi paciente. Ocupaban un lugar muy grande en el discurso familiar, y poco espacio quedaba para la angustia del niño.

Tomás es un niño de 11 años que vive con su madre, su hermana de 8 y su hermano de 6.

La madre de Tomás realizó una consulta, ya que lo notaba violento con sus hermanos, poco comunicativo, desganado y aislado.

Su hipótesis era que se comportaba así debido a su relación con el padre. O la que quisiera tener con él.

143

Separados desde hace dos años, sus padres viven en una constante pelea, en la que el dinero toma un rol de gran importancia. Ella no trabaja y él ejerce su poder ante el sólo hecho de dar o no, su aporte económico.

El padre acuerda con el motivo de análisis. Se "autoresponsabiliza" de lo que le pasa a su hijo y pidió ayuda para poder realizar un cambio.

Para mi sorpresa, también Tomás repitió el mismo motivo de consulta. Aseguraba que necesita tratamiento porque se pelea con sus hermanos y se porta mal.

"Quiero ser un buen chico", fueron sus palabras en la primera entrevista. Cuando comencé a indagar acerca de qué era para él ser un "buen chico", me dijo: "Un buen chico no se pelea con sus hermanos, estudia en la escuela, hace las tareas, ayuda a su mamá".

Algo me comenzaba a sonar raro. ¿Quién consultaba? ¿Por quién era la consulta? ¿De quiénes eran las palabras que emitía Tomás? ¿Para quién era un mal chico? ¿Para quién quería ser un buen chico? ¿Por dónde se escabullía Tomás?

Cuando le pedí que me hiciera un dibujo, el primero que realizó fue la copia de un *Spiderman* que estaba impreso en una caja que le preparé. Copiaba con exactitud. Copiaba. Repetía. No creaba.

Mi primera hipótesis de trabajo fue, que Tomás se sentía mal porque sus padres no lo ubicaban en el lugar de hijo y lo participaban en sus problemas de pareja. Poco de su subjetividad se desplegaba en esa fantasmática familiar. Poco de su deseo se le permitía emerger.

Decidí trabajar en paralelo con los padres. ¿En qué lugar estaba ubicado este niño en la pareja parental? ¿Estaban preocupados estos padres por su hijo o se servían de su conducta para seguir peleando y no separarse?

Comencé a trabajar paralelamente con los padres (por separado) y con Tomás en entrevistas individuales.

En las entrevistas con la madre y el padre por separado, de lo único que podían hablar era de su imposibilidad por cortar el vínculo entre ellos, a pesar de que ya estaban separados. Me interesaba trabajar con la madre su dificultad por "soltar" un poco a Tomás.

Una de las quejas que ejercía el nene, era que ante su deseo de ir a la casa de sus compañeros de escuela, su madre no lo dejaba ya que todo le parecía peligroso. Sus argumentos eran que las madres de sus compañeros no eran confiables o que en la calle había muchos peligros. Tomás aceptaba esos argumentos sin cuestionar.

En las entrevistas, su mamá de lo único que podía hablar era del poder que el papá ejercía con el dinero que les pasaba, de lo poco que cumplía con los hijos. De cuentas pendientes y reclamos personales... pero de Tomás poco podía decir.

Ante mis intervenciones con respecto a su hijo y los "peligros inminentes" que ella veía a su alrededor, no acusaba recibo. Según sus relatos ella estaba todo el tiempo cerca, en el parque o en las actividades especiales, "porque le encanta mirarlo". Intento trabajar con ella, pero el abandono del padre de sus hijos vuelve como respuesta a todos los problemas.

Tomás me cuenta que concurría con sus hermanos a talleres de teatro y comedia musical, porque su mamá lo creía lindo y necesario, pero él quería ir a una escuela de fútbol. Ninguno de sus deseos era tomado en cuenta, y cuando yo empezaba a ahondar en el tema en el transcurso de la consulta, se negaba a pensar. "No me gusta pensar", era su respuesta ante cada "¿por qué?".

En mis primeras entrevistas con el padre, me encuentro frente a un hombre que reconoce ser "todo lo que de él se dice". ¿Quién dice?, me pregunto yo.

Dice que hasta ahora no supo cumplir con su rol de padre y según él, siente que lo perdió todo. Trabaja todo el día, pero su intención es recuperar todo el tiempo perdido con sus hijos.

A pesar de tener un régimen de visita que le permite llevarse a sus hijos todo un fin de semana, sólo los pasa a buscar dos horas los domingos, en las que van a comprar ropa o de paseo a algún shopping. Según el papá: "lo único que les interesa es consumir".

¿Qué otras cosas estará dispuesto a dar? ¿Qué pedirá su hijo cuando exige consumir?, pienso. Le propuse al padre trabajar acerca de su vínculo con Tomás. Casi de manera "Psico-Educativa", lo invité a pensar en actividades que podría compartir con él, lugares para visitar o a que juegos jugar.

En esas entrevistas el padre me miraba sorprendido y entusiasta. Se comprometía a todo lo que se le proponía.

En el transcurso de esas semanas, Tomás venía contento a la consulta, contaba lo que había hecho con su papá el domingo anterior. Esta situación duró apenas dos semanas.

Durante este período del diagnóstico, ocurrió una escena que luego me sugirió el título de este trabajo.

En una de las consultas, Tomás llegó al consultorio y me dijo que se sentía mal. Comenzó a contar que durante ese último fin de semana, que había sido fin de semana largo, el papá los había llamado el mismo domingo para decirles que ese día se lo tomaría *"franco"* y que había decidido pasarlos a buscar el lunes. Un día después de lo que ya habían arreglado anteriormente.

En ese momento me pregunté, ¿franco de quién? ¿Cuál era el trabajo del que descansaría su papá?

Luego de ese llamado, el lunes, cuando el padre llegó a la casa, con la intención de llevarlos a pasear como habían acordado, su mamá no lo dejó entrar. Argumentaba que él no había cumplido con el *"contrato"* de divorcio que decía que los tenía que pasar a buscar los domingos. Mientras los padres peleaban en la calle, Tomás y sus hermanos se encontraban asomados por la ventana. Sus hermanos lloraban. Él miraba. No podía llorar aunque hubiera querido hacerlo

Y así, me quedó más claro como funcionaba esta familia. Mientras los padres gozaban en sus peleas, Tomás miraba por la ventana y se ponía triste.

No opinaba, no cuestionaba, no se enojaba con ellos… sólo miraba.

En el consultorio no podía expresar los sentimientos que esa escena, y otras semejantes, le provocaban.

"Está bien lo que hizo mamá, está bien lo que hizo papá"… y él…. mirando por la ventana, como sus padres se peleaban por un *"contrato"* que nada tenía que ver con su deseo. No era tomado en cuenta, salvo en cuanto a cantidad de dinero.

A partir de ese momento pensé en cambiar el foco de la atención.

Decidí no ver a los padres paralelamente al tratamiento de Tomás.

Si querían seguir peleando… que lo hiciesen en otro espacio.

Mi atención se estaba corriendo de quien era mi paciente. Yo también había quedado atrapada mirando por la ventana a estos dos adultos que se peleaban.

El tratamiento de Tomás siguió su curso, y cada día venía más triste a sesión. Entonces comenzamos a trabajar a cerca de las cosas que lo hacían ponerse triste.

Le costaba hablar de tristezas y de enojos. Me decía que todo estaba bien. Que sólo estaba cansado, pero yo me daba cuenta que algo más le pasaba.

En sesión sólo quería jugar a la *"Guerra Naval"*. Jugaba una guerra que sufría en su vida real. Su mirada cambiaba y se iluminaba cada vez que lograba *"hundirme"*.

Yo percibía que era él, el que se sentía cada vez más hundido en su propia tristeza.

Cuando le preguntaba con respecto a los cambios que se habían producido con su papá o con su mamá, me contestaba que todo estaba bien en ese momento, pero su expresión me decía otra cosa.

Después me enteré por la madre, que hacía dos semanas que el padre había vuelto a desaparecer. Sólo los venía a buscar nuevamente dos horas los domingos y les compraba ropa.

También desapareció del tratamiento. Faltó a las dos entrevistas a las que había sido citado. No me atendía más el teléfono.

Al poco tiempo, el papá decidió interrumpir el tratamiento de Tomás, argumentando que no quería pagar más. La madre dijo que suspendía el tratamiento hasta que ella pudiera sostenerlo económicamente

En la sesión de cierre, la cual sería nuestro último encuentro, le comenté a Tomás porque debíamos interrumpir el tratamiento. Cuando le pregunté que pensaba al respecto, me dijo: "Está mal que mi papá no quiera pagar".

Lo invité a que hablara con él.

Luego levantó sus hombros y me preguntó: "¿Jugamos a la *batalla naval?*". El resto de la sesión sólo jugamos. La hora que duró la sesión llegó a su final cuando nos encontrábamos en la mitad del partido. Le dije que debería quedar inconcluso.

"Guardo la hoja y lo terminamos en otro momento", me aseguró sonriendo.

Lamenté no haber tenido más tiempo para pensar juntos el significado de que un papá no pague, y que hace un hijo ante eso.

Lamenté que ese papá que un principio pidió ayuda para cumplir su rol, decida sostener el rol de un padre fallido.

Lamenté no haber podido trabajar con esa mamá que pidió ayuda, y que no puede soltar a su hijo, desconociendo en algunos momentos que ya es un púber.

Lamenté que el tratamiento no pudiera continuar, pero aprendí que de eso también se trata. De reconocer que el tratamiento y el terapeuta tienen un límite.

El trabajo en la clínica de niños es familiar.

Y las resistencias no son sólo del paciente, sino también de los padres.

Lamenté no haber podido seguir trabajando con ellas.

Como ya dije, el partido había quedado inconcluso…

Bibliografía

ABERASTURI, A.; "Teoría y técnica del psicoanálisis de niños". Editorial Paidós.

ALMADA, S.; "Amnesia refractaria". "Síndrome por Autoencierro". Manual de Ansiedad Social. 2004.

ALMADA, S.; "Estados de Trinchera". "Cuando nadie me ve". *Child Abuse-Jornada*. 2005.

ARRUABARENA, M. I. Y DE PAUL, J.; "Maltrato a los niños en la familia: evaluación y tratamiento". Madrid. Editorial Pirámide.

BATLA, E.; "Un estrago en la relación madre e hija". Editorial Paidós.

BAUMAN, Z.; "Amor líquido. Acerca de la fragilidad de los vínculos humanos". Fondo de cultura económica de Argentina. S. A.; 2005.

BERENSTEIN, I. Y PUGET J.; "Lo vincular. Clínica y técnica psicoanalítica". Editorial Paidós.

BLEICHMAR, S.; "Superar la inmediatez". Editorial Centro Cultural de Cooperativas.

BLEICHMAR, S.; "En los orígenes del sujeto psíquico". París. Editorial Amorrortu, PUF.

BLEICHMAR, S.; "La Práctica de la Terapia Familiar - Un encuentro clínico". Buenos Aires. Libros del Zorzal.

BUTLER, J.; "Mecanismos psíquicos del poder". "Teorías sobre la sujeción". Introducción. España. Editorial Catedra.

CALVO, I..; RITERMAN DE DIMANT F.; CALVO DE SPOLANSKY, T.; "Pareja y familia". Editorial Amorrortu.

DOLTO, F.; "Seminario de Psicoanálisis con niños" II. Editorial Siglo XXI.

DR. CÍA, A.; "La ansiedad y sus trastornos". Editorial Polemos.

DR. CÍA, A.; "Manual de ansiedad social". Editorial Roche.

DR. GOMEZ RESTREPO y colaboradores; "Manual Psiquiatría Clínica". Editorial Panamericana

FERENCZI, S.; "Sin simpatía no hay curación". Editorial Amorrortu.

FLACSO. Material del postgrado en psicoanálisis en las prácticas socio-educativas. Clases 3 y 5.

FOUCAULT, M.; "Defender la sociedad". Clase del 14 de enero de 1976, Resumen del curso. Situación del curso, clase del 17 de marzo de 1976.

FREUD, S.; Obras Completas. "El malestar en la cultura". Editorial Amorrortu.

FREUD, S.; Obras Completas. "Moisés y la religión monoteísta". Editorial Amorrortu.

GESELL, A.; "El niño de 12 a 16 años". Editorial Paidós.

GLASER, D. Y FROSH, S.; "Abuso sexual de niños". Editorial Paidós.

INTEBI, I.; "Abuso sexual infantil en las mejores familias". Editorial Granica.

ISAACS, S.; "Años de infancia". Editorial Horme.

JERSILD, A. T.; "Psicopatología del niño". Editorial Eudeba.

JERUSALINKY, A. y colaboradores; "Psicoanálisis en problemas del desarrollo infantil". Editorial Nueva Visión.

KANCYPER, L.; "Adolescencia: El fin de la ingenuidad". Editorial Lumen. 2007.

KIERKEGAARD, S.; "El concepto de la angustia". Editorial Libertador.

KLEIN, M.; "Psicoanálisis del desarrollo temprano". Editorial Horme.

KRISTEVA, J.; "Las nuevas enfermedades del alma". Editorial Catedra. Madrid.

LACAN, J.; "Intervenciones y textos. Dos notas sobre un niño". Editorial Manantial.

LACAN, J.; "La familia". Editorial Axis.

LACAN, J.; "La significación del falo" Escritos I. Editorial Siglo XXI.

MANNONI, M.; "El niño, su enfermedad y los otros". Ediciones Nueva Visión.

MANNONI, M.; "La educación imposible". Editorial Siglo XXI.

MARCELLI, D. Y AJUARIAGUERRA, J.; "Psicopatología del niño". Editorial Masson.

MARTY, M. C. Y CARVAJAL, C.; "Childhood maltreatment as a Risk Factor for Posttraumatic Stress Disorder in Adulthood". A. Rev Chil Neuro-Psiquiat.

MAUER, S. Y MAY, N.; "Desvelos de padres e hijos en la infancia y la adolescencia". Editorial Emece. 2008.

MEAD, M.; "Adolescencia y cultura en Samoa". Editorial Paidós.

MEAD, M.; "Sexo y temperamento". Editorial Paidós.

MILLER, J. A. y otros; "Los inclasificables de la clínica psicoanalítica". Editorial Paidós.

MILLER, A.; "El drama del niño Dotado". Editorial Tusquets.

MILLER, A.; "Por tu propio bien". Editorial Tusquets.

NASIO, J. D.; "Cómo trabaja un psicoanalista". Editorial Paidós.

NASIO. J. D.; "Los gritos del cuerpo. Psicosomática". Editorial Paidós.

PALACIOS, J.; MORENO, MA. C.; JIMÉNEZ, J.; "El maltrato infantil: concepto, tipos, etiología". Editorial Fundación Infancia y Aprendizaje.

ROTHER HORNSTEIN, M. C.; "Adolescencias: Trayectorias Turbulentas". Editorial Paidós. 2006.

SILVESTRE, M.; "Mañana el psicoanálisis". Editorial Manantial.

STERN, D.; "La primera relación Madre-hijo". Madrid. Editorial Morata.

WALLON, H.; "La evolución psicológica del niño". Editorial Psique.

WECHSLER, E.; "Psicoanálisis de la tragedia". Editorial Biblioteca Nueva.

WINNICOT, D.; "Acerca de los niños". Editorial Paidós.

WINNICOT, D.; "El proceso de maduración en el niño". Editorial Laia.

WINNICOT, D.; "Escritos de pediatría y Psicoanálisis". Editorial Piadós. Ibérica.

YALOM, I.; "El don de la terapia". Editorial Emece.

YALOM, I.; "Psicoterapia existencial y psicoterapia de grupo". Editorial. Paidós. Ibérica.